TEACHING SELF-REGULATION

SEVENTY-FIVE INSTRUCTIONAL ACTIVITIES
TO FOSTER INDEPENDENT, PROACTIVE STUDENTS
GRADES 6-12

自我调节

培养学生独立自主的75个教学活动

[美]艾米 · S. 高默 · 埃里克森 [美]帕特里夏 · M. 努南◎著
马广惠◎译

江苏凤凰科学技术出版社 · 南京

图书在版编目(CIP)数据

自我调节:培养学生独立自主的75个教学活动/(美)艾米·S.高默·埃里克森,(美)帕特里夏·M.努南著;马广惠译.—南京:江苏凤凰科学技术出版社,2024.5

ISBN 978-7-5713-4276-0

Ⅰ.①自… Ⅱ.①艾… ②帕… ③马… Ⅲ.①学习方法 Ⅳ.①G442

中国国家版本馆CIP数据核字(2024)第072093号

自我调节:培养学生独立自主的75个教学活动

著者	[美]艾米·S.高默·埃里克森 [美]帕特里夏·M.努南
译者	马广惠
责任编辑	刘文芳
责任设计编辑	孙达铭
责任校对	仲敏
责任监制	周雅婷
出版发行	江苏凤凰科学技术出版社
出版社地址	南京市湖南路1号A楼 邮编:210009
编读信箱	skqsfs@163.com
联系电话	(025)83657623
印刷	溧阳市金宇包装印刷有限公司
开本	718 mm×1000 mm 1/16
印张	13.5
字数	220 000
版次	2024年5月第1版
印次	2024年5月第1次印刷
标准书号	ISBN 978-7-5713-4276-0
定价	60.00元

致 谢

衷心感谢过去 20 年来我们有幸合作的数以千计的家庭、教育工作者和学生。这本书中的案例均来自在亚利桑那州、堪萨斯州、密苏里州和得克萨斯州等地开展的专业发展项目。教育工作者们致力于培养在社会和情感层面积极参与的、具有职业素养的终身学习者，这一点给我们留下了深刻印象和无尽启迪。日复一日，中学教育者们无私奉献，不断追求进步，坚信学生的能力，从而超越了他们的本职工作，满足了初中和高中学生在个人内省（intrapersonal）、人际交往和认知发展等方面的需求。

如果没有众多同事和工作人员的付出与贡献，本书就不可能问世。他们将数以千计的研究成果浓缩，转化为易于理解的一些片段，使教育工作者们能通过这种简明扼要的研究来拓展自身的专业知识。这些研究还被应用于全校范围的专业学习课程（professional learning series）及本书所开发的教学活动之中。

最后，衷心感谢我们的家人。这本书的完成意味着多个星期的劳苦奔波，诸多夜晚和周末陷入迷惘，还意味着 20 年来对教育研究事业的不懈付出。在此期间，家人始终坚信我们的工作具有深远的意义，并对我们支持教育工作者们不断进步的能力抱有充分的信心，这帮助我们拥有了自我效能感、自我调节力和自信心，从而使本书得以付梓面世。

目 录

引 言

> 很多学生不按时交作业，尤其是在大型项目上。虽然我知道他们已经做了，但是他们似乎就是不能在截止日期前交给我。
>
> 学生不为自己负责。他们把所有问题都归咎于身边的人或事。
>
> 我的学生不愿意制订计划。他们期望有人为他们安排好一切事情，但即便如此，他们仍然无法按步骤完成这些任务。
>
> 面对具有挑战性的任务时，我的一些学生会立马放弃，甚至连试都不去试。

这些是我们从美国各地的初中和高中教育工作者们那里听到的一些令大家普遍担忧的事。如果你对自己的学生抱有类似的担忧，别担心，你并不孤单。虽然自我调节对在校期间以及中学毕业后的成功至关重要，但许多学生很难持续地表现出自我调节能力。本书旨在支持中学教育工作者通过显性教学和真实性实践，来教学生学会如何自我调节。这本恰合时宜的书，提供了75个适用于任何中学课堂的相关教学活动。为了更好地说明教师和学生是如何共同参与这些教学活动的，我们在整本书中穿插引用了许多真实的学生案例和故事场景。

为什么要开展自我调节教学？

自我调节是一种积极主动、自我导向的内部心理过程，有助于我们实现目标、学习技能、管理情绪反应和完成任务。对于成年人和青少年来说，自我调节可以用于以下方面：掌握一项技能，在专心完成一项特定任务的时候避免分心，按时完成高质量的工作，多年持续专注于某一目标，实施自我关怀与自我放松行为。

教师的话

在开展自我调节教学之后，学生确实会更深入地思考自己的选择。（违纪）报告的数量减少了许多。

——唐娜（Donna），行为专家

想一想你曾在什么时候试图吃得更健康、做更多运动、缓解压力或努力存钱。想一想：你什么时候更成功，什么时候不那么成功，是什么造成了这种差异？当你取得成功的时候，你很有可能较好地处理了自我调节的四大关键要素。

1. 为想要完成的事情制订**计划（plan）**。

2. 及时**监控（monitor）**与自身目标相关的进展和干扰。

3. 当事情没有按计划进行时，通过实施具体的策略来加以**调整（adjust）**。

4. **反思（reflect）**哪些方面行之有效，哪些方面下次可以做得更好。

现在，请你回想一个过去未能实现的目标，并针对每个要素展开思考。你是否曾计划过要健康饮食，但最后发现自己的计划不够具体？或者你是否制订了计划，却未能持之以恒地加以执行和监控？又或者，是否有某些突发情况让你偏离正轨，比如生病或意外的经济负担？如果你没能成功实现目标，那很可能是因为你并未处理好自我调节的四大要素。

通过教学与实践，学生可以学会和应用自我导向的自我调节过程，从而实现学业和个人目标，掌握新技能，管理复杂情绪，并完成具有挑战性的任务。厄舍、申克（Usher & Schunk，2018）的研究表明：自我调节技能不会简单地自发产生；相反，它们必须经过有目的的学习。

自我调节不仅能帮助成绩差的学生、在某些科目上存在学习困难的学生，而且能帮助那些有不良行为的学生。实践自我调节对我们每个人都很重要。在某些时候，我们在实现目标或完成任务时难免会遇到障碍或困难。通过运用自我调节，我们有能力克服各种障碍，并在我们渴望达成的任何目标上都取得进步。

教师的话

自我调节是学生成功不可或缺的一部分，因为它教会学生如何在课堂内外拥有自主权。自我调节使他们有能力对自己的决定和目标负责，并教会他们管理时间、培养自我效能感和提前进行计划。所有的这些素质，都会转化为贯串他们一生的学习经验。

——蕾切尔（Rachel），社会工作者

如果我们的学生很难做好自我调节，我们通常倾向于替他们完成调节。“难以保持专注？那就坐在这儿完成你的家庭作业。”“不记得要交什么作业？让我帮你列出来。”“活页练习丢了？这里还有一份。”除此之外，我们有时还会认为自然后果（natural consequences）能帮助学生发展出期望的行为。“没有做家庭作业？你得了零分。”教育工作者们的这些常见反应，错失了许多让学生学会自我调节的教学良机。当我们提供教学并有意创造机会来引导学生开展实践时，我们就会逐渐转移责任，努力培养学生自己制订成功计划的能力。

虽然自我调节是一个内在的、反思性的心理过程，但我们可以教给学生一套技能，使他们有能力进行自我调节。为了帮助学生发展出有效的自我调节能力，除了制订计划，我们还需要教会他们如何监控自己的进展，教会他们如何在事情没有按原计划进行时调整举措，并教会他们如何进行有意义的反思。学生可以通过接受教学，整合学科内容领域的学习（content-area learning）和各种经验，来扩展自身的自我调节能力。如此来看，他们培养自我调节能力的方式与发展自身的数学或阅读技能的方式如出一辙——通过接受直接的教学、实践机会以及持续的反馈来不断学习。

教师的话

对我来说，自我调节是自我控制、循规蹈矩和坚持不懈的结合体。它是思维和身体习惯的结合。自我调节最终是一种生活方式，能让我们实现自身的宏伟目标。

——特雷丝（Terese），社会科教师

自我调节是什么样的？

当学生进行自我调节时，他们会将自我调节的四个要素应用到许多情况中，以实现目标、学习技能、管理情绪反应和完成任务。以下是青少年进行自我调节的几个常见例子。

- 精通一款游戏
- 按时上学或上班
- 为大宗采购节省开支
- 把注意力集中在一项任务上
- 沮丧时能冷静应对
- 均衡饮食
- 完成家庭作业
- 定期锻炼
- 完成日常家务
- 完成学校或个人项目

当学生学会扩展自我调节的方式和内容时，他们就会构建起对诸多重要概念和技能的理解，这些概念和技能可以用于包括学业领域在内的各种情境。请参考表0.1中自我调节发展的序列，明确以下问题：你在大多数学生身上已经观察到了哪些能力？他们还缺乏哪些能力？假如学生在进入初中或高中时就表现出了这些特点，你的课堂又将如何运行？那听起来会是什么样子的，又会带给你什么样的感觉？当教育工作者们有目的地开展自我调节教学时，不仅会影响每个学生制订计划、监控学习以及处理干扰的能力，还会影响整个课堂和学校。表 0.1 的自我调节发展序列有助于教育工作者巩固教学，观察学生的成长。它与本书中描述的教学活动和评估也是一致的。

表 0.1 自我调节发展序列

发展序列	能力描述
1 级：发展中（developing）	• 表现出制订简单计划和及时对已实施计划进行反思的能力 • 能描述并选择简单的自我放松策略 • 能针对任务过程中的分心因素，制订相关计划并练习抵抗干扰，从而提高专注力
2 级：进阶（emerging）	• 表现出制订计划以完成一项或一系列任务的能力 • 能在受到干扰时找到回到正轨的方法 • 能针对具有挑战性的常见情况或情绪反应，（在教师的引导下）制订自我调节的计划 • 能说清楚自我调节对当前和未来成就的重要性 • 能预测不同的行动和决策会对结果产生的可能影响
3 级：展示（demonstrating）	• 能给自我调节下定义，并描述清楚自我调节的各个要素（计划、监控、调整和反思） • 能解释个人在自我调节方面的优势以及特定情况（如写作业、使用技术和社会交往）下需要改进的方面 • 表现出制订日趋详尽的计划以完成任务的能力 • 能使用“如果 X，那么 Y”（if-then）语句，确定完成计划的潜在障碍 • 能监控一段时间内的工作进展情况 • 能反思努力的成果

（续表）

发展序列	能力描述
4级：泛化（generalizing）	• 能独立地为短期或长期目标制订计划（计划应包含详细的行动方案），监控相关进展与所付出的努力，并根据需要进行调整，在目标达成后开展反思 • 在涉及不同情境（如长期项目、个人目标与职业发展等）的多元场景中，都能表现出自我调节能力 • 能反思特定情况下与自我调节有关的优势、挑战、努力和成果 • 能确定自我调节与其他个人内省能力、人际交往能力之间的联系

教师的话

到了年底的时候，我无须多言，学生就已经将一切都计划好了。他们写完了论文，并时刻关注着自己的学习进度。就这样，这些孩子每个月的成绩都在节节攀升。

——薇姬（Vickie），英语语言艺术教师

为什么要在中学教育中开展自我调节教学？

里克·H. 霍伊尔（Rick H. Hoyle）与埃米·L. 登特（Amy L. Dent）写道：

一个多世纪以来，教育政策和实践的主导者们一直认为，正规学校教育的主要目的是教会学生如何学习。只有当学生能够对自身的学习开展自我调节，将知识技能的习得转化为一个积极、自主的过程，这一目的才能实现。

本书旨在帮助教师向初中和高中学生教授自我调节的各项要素，并提供与现有课程活动密切相关的反馈资源，以支持真实的课堂实

践。任何课程、课外活动或生活经验，都可以嵌入持续进行的自我调节实践中。当学校中的所有教育工作者共同促进自我调节的实践时，学生的责任感就会深深地融入学校文化中。

齐默尔曼、基桑塔斯（Zimmerman & Kitsantas，2014）认为，运用自我调节策略的学生通常在学校表现得更出色，这一点可以通过他们的平均学分绩点（grade point average）及其在州级标准化测试中的得分加以证明。事实上，南希・弗雷（Nancy Frey）、约翰・哈蒂（John Hattie）和道格拉斯・菲舍尔（Douglas Fisher）在2018年通过元分析（meta-analysis）发现，“计划、监控和调节学习过程”之类的元认知策略，可以在学生学业成就方面产生0.69的效应量（effect-size）。此外，正如玛丽・C. 怀特（Marie C. White）和玛丽亚・K. 迪贝内德托（Maria K. DiBenedetto）于2018年所指出的那样，当学生能够看到自身努力所产生的效果时，他们就会对自己的学习产生主人翁意识，并有能力将自己的行动导向所期望的结果。在一项包含38个研究的元分析中，塔尼娅・圣安杰洛（Tanya Santangelo）、卡伦・R. 哈里斯（Karen R. Harris）和史蒂夫・格雷厄姆（Steve Graham）发现，如果将自我调节策略具体运用到写作过程中，那么学生的写作质量就会得到显著提升，其加权效应高达1.06。除了将自我调节应用于学习，佐拉纳・伊夫切维奇（Zorana Ivcevic）和马克・布拉克特（Marc Brackett）还曾于2014年将情绪调节定义为“评估情绪调节策略的能力，以及在情绪紧张的情况下，以促进目标实现的方式影响自身情感体验和行动的能力”。这些研究人员发现，无论是中学生还是大学生，他们的情绪调节能力与其获得的平均绩点之间存在显著的正相关关系。最后，值得注意的是，自我调节能力并非一种固有的特质；相反，达克沃思、弗雷、厄舍和耶格尔等学者（Duckworth et al.，2011；Frey et al.，2018；Usher et al.，2018；Yeager et al.，2018）一致认为，自我调节是一种可教的技能。

教师们经常提及的一个困难是，有些学生缺乏毅力，一旦遇到稍有难度的事情就会立即放弃。实际上，学生的自我调节能力与其在应对挑战时能否保持长久的专注有直接关系。通过运用自我调节的方法，学生能在初步尝试中获取成功，这能鼓励他们为自己设定更高的目标。学生的这种自我效能感，即他们通过自身的努力能够实现预设目标的信念，与自我调节能力相结合，就产生了毅力。学生并不会自然而然地具备这种毅力，他们需要自信心和一套自我调节的技能，以保持专注并不断朝着自己的长远目标前进。

教师的话

我认为对学生而言，最大的收益是他们能够对自己的行为负责。这提高了他们的能力，让他们知道是什么原因导致自己迟交作业或者缺交作业。我觉得，通过不断培养自己的自我调节能力，学生也在逐步提高自己的组织能力。

——德鲁（Drew），科学教师

在我们向教育工作者传授本书所述教学实践的过程中，无论是教师还是学生都观察到了显著的效果。各学科领域的教师们都看到了学生身上的积极成果，包括科学课程中考试分数的提高、语言艺术课程中论文质量和学生参与度的提高、艺术学科中作品质量和学生参与度的提高、数学分数的提高和对完成家庭作业所需时间的更准确预测。教育工作者们反映，学生的学习表现有所改善，提交项目更加准时，对社会科（social studies）课程中的历史事件有了更好的理解，体育课中的主动性和自信心也得到了增强，世界语言课的成绩也有所提高。特殊教育教师们发现，残障学生在任务组织和时间管理方面的表现有所改善。当被问及此事时，学生们表示，他们对自己的学习和学业成就有了更多的掌控感，并且感觉压力减轻了许多。学生更加清楚地认识到自己的行动如何直接影响他们在学校的表现，他们的参与度、积极性和学习能力都有所提高。

如何开展自我调节教学?

本书为中学教育工作者提供了促进学生自我调节能力发展的必备工具。书中概述了一系列的教学实践、真实应用示例和形成性评估技术，我们可以将其应用于任何课堂或教育环境。这些教学活动和策略是专门为青少年设计的。先前的研究表明，初中和高中阶段的社会情感教学往往会失败，原因是这些干预措施没有充分尊重青少年对自主、地位和尊重的渴望（Yeager et al., 2018）。与此不同，我们的方法并未试图去压制这些渴望，而是赋予青少年能力去获得独立并实现自己的任何愿望。这样一来，即使最不情愿的学生也会增强他们的自主性和积极性，并将这种增强后的能动性应用到生活的各个方面，包括学业。

这时，你或许会联想到某个特定的学生，并心生疑虑:“他显然需要培养这些技能，但他会接受这种教学吗?他会付出必要的努力来提高自己的自我调节能力吗?”我们曾听过数以百计的教育工作者发出类似的感叹。然而，他们后来告诉我们，他们惊讶地发现学生的参与度非常高，尤其是那些在学业上有困难的学生。这些教师还描述了成绩优异的学生是多么感激自我调节教学，因为它有助于他们管理时间、减轻压力。在本书的各个部分，我们摘录了教育工作者和学生的感言，以此展现不同类型的学习者如何与自我调节产生联系，并在实践中加以运用。我们鼓励你快速浏览这些感言，并标出那些能让你产生共鸣的内容。

自我调节与其他所有的个人内省能力、人际交往能力一样，并非一种与生俱来的特质，而是一套可以通过教学加以掌握的技能。本书各章节提供了大量的教学活动，用来向学生全面教授自我调节的过程，帮助他们掌握各项基本要素，并为他们在日常课堂活动中提供真实的实践机会。这些教学活动已经在数百所初中和高中得以开展，在某个特定的课程领域得以应用，并在全校范围内加以推广。

为了确保所有的学生都能从中受益，许多学校会在咨询课（advisory）、辅导课（mentoring）或“本班课”[①] 中提供连贯的自我调节教学。在此基础上，每位教育工作者再结合自己所教的学术性课程设计出具体的实践环节。这样不仅能在全校范围内建立起对自我调节的共同理解，还能为学生提供丰富的实践机会，并针对他们的发展给予反馈。另外，有些学校选择将这些教学活动分散到各门核心学科课程中加以使用——由语言艺术、数学、科学和社会科的教师分别主导不同的教学活动，促使学生在学习学科知识的同时，发展自我调节能力。还有一些学校选择将这些教学活动整体作为一门课程，常见于必修的成功技能课程（success skills course）中。

要实现全校范围内的推广实施，通常最理想的方式是由一名或一小群教师率先开展，在日常教学中，每周抽出一点时间用来开展自我调节的教学活动，并尽可能将自我调节的理念与课程内容或作业任务联系起来（全书各章节都提供了大量实例）。通过这种方式，你将能够观察到学生在接受自我调节教学后，在行为习惯和学习表现上产生的变化，并与其他教师分享和讨论学生所取得的进步。虽然你可能会认为时间紧迫，但实际上，那些已经在教学中融入自我调节理念的学科教师（包括数学、科学、语言艺术、社会科、商务、技术教育、健康教育和其他学科的教师）发现，他们的学生在课堂上的学习效率更高了，作业完成得更及时且质量更高，学习项目上的进展更顺利，备考更加积极，而且更懂得互帮互助。正如一名叫特蕾莎（Theresa）的高中科学老师告诉我们的那样：

在一个科学项目开始的时候，我会花两天时间来引导学生规划自己的成功路径。然后，在整个项目期间，我利用课堂时间引导学生监控并调整他们的计划，鼓励他们相互分享想法。结果，除一名

① “本班课”（homeroom course），又译作“点名课”“家房课”“家庭教室课”“主教室课程”“指导教室课程”等，在小学和初中开设。每天固定时段（一般是早晨第一节课）同一班级或年级的学生在这堂课上记录出勤，接受教师指导，等等。

因生病缺课一周的学生外，其他所有的学生都按时完成了这个项目，并且成绩都在C或C以上。相比之下，隔壁班只有50%的学生按时完成了这个项目。当我询问学生是什么原因造成这种差异时，他们告诉我，他们明确知道自己应该做什么，因此没有感到很大的压力。由此可见，用一点上课时间来开展自我调节教学是非常值得的！

特蕾莎没有替学生进行调节，而是指导学生通过自我调节来掌握成功的主动权。教育工作者们一次又一次地告诉我们，由于学生展现了这些有助于学业成功的学习行为，他们得以在课堂上教授更多的学术内容。

教师的话

看到学生在面对颇具挑战的课程时所展现的责任感和问题解决能力，我感到非常欣慰。我也很欣喜地看到他们能主动掌控自己的成功，并对自己选择的道路充满信心。

——蕾切尔，几何教师

本书内容简介

这本书中的75个教学活动均基于实践研究得出。在与数以千计的初中、高中教师合作的过程中，我们在不同的课堂上对初始教学、情景导学和自主实践活动进行了实验和改进。每一章都包含多种选项，便于教育工作者根据年级、学科领域、学生人数或其他各种因素，选择能最有效地融入自身教学情景的活动。换言之，你无须使用书中的每一个活动，只需选择那些最能帮助学生实现学习目标的活动即可。

与学习其他任何东西一样，自我调节也需要长期实践。除了接受有目的的指导，学生还需要在真实环境中进行实践，才能熟练掌握。教师可以利用具体的学科内容领域和教学情景，有针对性地为学生设计实践自我调节的方式。帮助学生培养自我调节的最佳方式是为他们提供多种实践自我调节要素的机会，同时给予有建设性的反馈，引导他们进行自我反思。在本书的每一章节中，你都会了解到库珀（Cooper）老师的研究项目，该项目表明了一位教师如何通过持续的实践、反思与反馈，有效地促进了学生的发展。此外，我们还引用了真实人物的话语，以展示教育工作者和学生是如何参与教学活动的。这些引语直接来自已经实施了自我调节教学与实践的学校中的教育工作者和学生，并通过访谈、专业发展评估和学生作品实例等多种方式收集而来。

本书可以作为一个独立的工具包，供任何初中或高中的教育工作者使用，以改进与自我调节相关的教学实践。我们鼓励你与其他教育工作者结伴同行，踏上这段探索的旅程。你可以使用每一章结尾之处的教学规划工具来做笔记，并根据学生情况调整所给场景，思考如何帮助学生更好地实践这些概念。在阅读每一章之后，与同事们讨论你的想法，并与学生一起尝试做几个教学活动；分享你的成功经验，并集思广益解决遇到的任何障碍。第一至七章提供了教学活动、场景和表现性评价（performance-based assessment），且每一章都侧重于特定的学习目标。每个教学活动的时间分配可能会因班级规模和学生讨论的深度而有所不同，但一般来说，大多数活动需要的时间不超过15分钟。后记提供了一个系统的视角，以帮助学校持续改进全校范围内的教学实施，扩大其作用和影响。

第一至七章遵循了一种结构，该结构描述了精心设计的教学和学习方法，并将教学活动分为三类。这三类活动将学习的责任逐步转移给学生，从而在学习全程中培养他们的能力。

1. 起始教学（Initial instruction）。这些活动旨在帮助学生围绕关键概念发展知识，将所学内容与他们的实际生活联系起来，并建立共享词汇，以促进对关键概念的深入讨论。在选择活动时，应优先考虑那些最符合学生需求和兴趣的活动，以确保实现既定的教学目标。初始教学结束时，应进行检查以确保学生理解所学内容。

2. 引导式合作学习（Guided collaborative learning）。通过运用与青少年经历相似的小故事来应用自我调节的关键概念，学生能够积极参与学习，并与同伴合作，在一个非评判（nonjudgmental）的环境中探索各种不同的观点和视角。选择适合学生的活动，或者根据需要修改活动中的场景。引导式合作学习结束时，进行情景判断测验。

3. 反馈式自主实践（Independent practice with feedback）。在学生理解自我调节的概念之后，通过反馈进行实践对于技能的发展至关重要。这种实践可以围绕学业、社交、情感或个人目标展开。作为教师，你可以帮助学生进行特定课程（course-specific）的项目、论文、演讲、备考等方面的实践，或促进学生在学业上的总体成功。你也可以引导学生通过自我调节来努力实现个人目标，如保持健康、参与社区活动或掌握某项技能。这些活动可以用于表现性评价，以衡量学生的进步和成果。

以下为本书各章及后记的内容安排。

第一章　理解自我调节

通过教学活动 1~13，学生将能够描述自我调节的含义；理解自我调节在他们个人生活中的重要性；阐明自我调节的各个要素，包括计划、监控、调整和反思；论述自我调节过程的复杂性；反思与自我调节各要素相关的个人优势与有待改进之处。

第二章　制订计划

通过教学活动 14~25，学生将能够区分目标和计划的不同之处；描述各种现实生活中的情境，并理解在这些情境下制订自我调节计划的好处；掌握如何根据不同的具体情景（situation-specific），制订具有针对性且高质量的计划，包括明确的行为、过程和时间安排；能够为实现自己的目标制订个性化且详细的计划。

第三章　监控计划与进展

通过教学活动26~40，学生将能够确定监控进展和行动的各种方法，确定在特定情景下自我调节计划中监控行动和进展的各种方法，并为他们的个人或学业目标设计有效的监控方法。

第四章　调整计划

通过教学活动41~52，学生将能够认识到每个人在追求目标的过程中都会面临挑战，并学会调整自己的方法和策略，以继续坚持向目标前进。

第五章　反思努力与结果

通过教学活动53~64，学生将能够清晰地阐述反思的目的，针对不同情境选择适当的反思方法，并在整个自我调节过程中进行自我导向的反思。

第六章　将计划、监控、调整和反思统整起来

通过教学活动65~75，学生将能够分析各种情况，确定如何应对自我调节的各个要素，分析自己的自我调节习惯和知识，并将自我调节过程应用于个人的努力和实践中。

第七章　评估自我调节能力的发展

本章为教育工作者提供指导，帮助他们确定评估学生在自我调节方面的认知、知识、技能、技能的应用及结果的方法。此外，这一章还讨论了评估数据的目的与用途。

后记　后续步骤

本书结尾提供了许多指导教学实施的资源，包括教学标准和（教师能力框架）实践大纲，以支持教育工作者对教学设计进行反思。

结语

作为教育工作者，我们的职责是满足学生的学习需求。为此，世界各地的教师们都在接受社会情感学习（social-emotional learning）。你可能会对这种教学感到紧张，因为社会情感学习很可能不是你的教师教育项目（teacher preparation program）的重点。不过，我们鼓励你尝试几个教学活动，并在此过程中进行反思。这些活动是专门为青少年学习者设计的，具有很强的吸引力。我们十分欣赏教师努力通过这些循证教学活动帮助学生提高自我调节能力。通过与数以千计的初中、高中教师的合作经验，我们发现学生的自我调节能力有所提高，从而促进了他们的学习改善、目标达成和亲社会（prosocial behaviors）行为的发展。自我调节能够激励青少年成为在社会和情感层面积极参与的、具备职业素养的终身学习者。

第一章 CHAPTER1 理解自我调节

自我调节是一个复杂的内部心理过程，与元认知、动机、行为和情绪反应管理有关。我们制订计划、自我评估进展，并为求得更好的结果而不断调整行动方案时，就是在进行自我调节。弗雷、努南和申克等人（Frey et al.，2018；Noonan et al.，2018；Schunk et al.，2018）的研究表明，通过实践自我调节，我们能够评估自身的努力是否有效，对自己的行为负责，并保持实现目标的动力。自我调节提供了一个反思和调整影响我们学习的行为的过程（Usher & Schunk，2018）。当我们思考自身的调节能力如何时，重要的是要同时找出自己的优势和需要额外关注的领域。

教师的话

我希望孩子们能够把这个项目分成若干部分，并制订一个能够在一年时间里完成这项挑战的计划。

——凯特（Kate），英语语言艺术教师

请想一想你的课堂教学活动、作业布置情况和评估方式。

- 你采取了哪些方法来促进学生进行自我调节？
- 你是否会通过下列方式替学生完成调节：告诉他们如何学习，给长期项目设定一些短期截止日期，或者利用课堂时间让他们补上缺交的作业？
- 你如何将责任转嫁给学生，同时为他们提供必要的教学支架来帮助他们取得成功？

教师不再为学生制订计划并进行监督，而是转变为指导学生进行自我调节。作为指导者，教师需要引导学生，向他们提出问题，并鼓励他们思考自己的进展，但不要替他们制订计划。在教师的支持下，学生通过计划、监控、调整和反思等自我调节实践，能够发展和提高他们的自我调节能力。

让我们跟随一位教师的脚步，看她是如何从“替学生调节”转变为“促进学生自我调节”的。库珀老师教的是高一英语，但她所采用的在大型项目上帮助学生走向成功的方法，可以应用于任何科目。在后续章节里，我们将多次援引库珀老师的研究项目，了解她如何在每一章中运用自我调节概念，并观察学生的反应。

库珀老师的研究项目

库珀老师教授高一新生英语，她的目标之一是让每个学生都能熟练地研究一个选题，并撰写一篇研究论文。回想过去几年，她的学生中大约有一半能按时提交研究论文，超过 10%的学生有课程不及格的风险——很大程度是因为他们没有完成研究项目。她以前的策略是先将项目的准备工作分解成若干可操作、易管理的步骤，并设定短期截止日期。然后，她把做好的大纲交给学生，并在课堂上安排一些时间让他们自主完成论文。库珀老师会监督每个学生的进展。如果学生错过两个短期截止日期，她会与他们个别面谈。当与学生见面时，她会告诉他们需要做什么才能回到正轨。

最近，库珀老师决定让学生在完成研究项目的过程中承担更多责任。首先，她分发了一份用来给论文打分的评分量规（rubric）。她向学生解释了评分量规的使用方法，并详细描述了每个评分项。学生通过回顾过去的研究论文，找出自身的优势和对他们来说比较难的地方。接着，学生阅读评分量规上的分数说明，每个人标注出自己在每个评分项上想要达到的目标分数。她还鼓励学生设定具有适度挑战性的目标（即评分项说明）。课后，库珀老师会查看每个学生在评分量规上列出的目标，确保如果所有目标得以实现，该学生的研究论文最终将能达到80%的总体掌握水平。对于那些自我期望较低的学生，库珀老师会给予具体的口头与书面鼓励，说服他们针对特定的评分量规设定更具挑战性的目标。

令库珀老师感到欣慰的是，学生能够准确地自我评估他们在项目上的优势与不足，并且现在每个学生都清楚地理解了成功的标准。

本章中的教学活动旨在加深学生对自我调节的认识，并理解它们在当前和未来对个人发展的重要意义。这些活动通过引导学生反思自身行为、评估自己的知识，以及明确在自我调节方面的优势和不足，来促进学生的自我评估。教学活动包括起始教学、引导式合作学习和反馈式自主实践三个环节。这些教学活动的复杂程度会不断提升，从而逐步增强学生的责任感。在自主实践阶段，学生将能够确定他们在自我调节方面的个人优势与挑战。

教学活动大纲

★**起始教学**：目标是让学生能够阐明自我调节的含义，并理解它们在当前和未来对个人发展的重要性。

活动1：界定自我调节

活动2：将个人内省能力联系起来

活动3：我们已经在自我调节了

活动4：自我调节的要素

活动5：检查理解情况

★**引导式合作学习**：目标是让学生能够清晰阐明自我调节的四大要素，并描述自我调节过程的复杂性。

活动 6：这是自我调节吗？

活动 7：将结果与行为联系起来

活动 8：完成家庭作业的 10 个步骤

活动 9：情景判断测验

★反馈式自主实践： 目标是让学生能够反思与自我调节要素相关的个人优势，以及需要改进的地方。

活动 10：评估你的自我调节能力

活动 11：反思优势与挑战

活动 12：评价你的努力情况

活动 13：持续反思的日志记录

起始教学

通过这些活动，学生将深入理解自我调节的关键概念，将其与自己的实际生活联系起来，并建立一套共享词汇。目标是让学生能够准确阐明自我调节的含义，并认识到自我调节在他们的日常生活中的重要性。

活动 1：界定自我调节

通过阅读和展示以下定义，即“自我调节是一个积极主动、自我导向的心理过程，可用来实现目标、学习技能、管理情绪反应和完成任务”，向学生解释什么是自我调节。让学生以小组为单位讨论这个定义，特别是“积极主动”（proactive）、“自我导向”（self-directed）和“过程”（process）等关键词的含义。教师可能会使用以下提示：

- “积极主动”的意思是什么？以积极主动方式处理情况的例子有哪些？
- “自我导向”意味着什么？自我导向发生时会呈现什么样的状态？最近，你自己有哪些能体现“自我导向”的努力/行为/事例？

• 在这一语境里，“过程”意味着什么？为什么它是自我调节的一个重要组成部分？

以小组为单位进行汇报（例如，“积极主动”的意思是事先制订好计划；“自我导向”则意味着由个人主导而非他人驱使；“过程”代表着一系列有组织的系统行动），然后让学生用自己的话重新阐述自我调节的定义。在后续活动中，学生可以在应用所学知识时参考这一定义。

学生的话

自我导向意味着无须他人强迫或监督，你就能独立完成任务。例如，你可以不用提醒就按时完成自己的家庭作业。自我调节则是指有效地管理自己的时间，朝着目标持续努力，不需要任何人推着你走。

——一个九年级学生

活动 2：将个人内省能力联系起来

向学生展示图 1.1 中的能力轮盘（competency wheel），并指出自我调节是一种重要的内省能力，即一个人自身内在的能力。强调个人内省技能的重要性不容忽视：强大的内省技能可以提高自我指导学习的能力，增强对自身能力的信心，并培养实现目标的毅力。提升这种能力将有助于学生在学业、工作、运动及健康等各个领域取得成功，获得更好的成绩。基本上，只要是你渴望实现的任何目标，你都会做得更好。

给学生几分钟时间仔细观察能力轮盘，并从中找出他们认为与自我调节有关的三种能力。如有必要，鼓励学生查阅各个术语的定义。接着，组织全班进行讨论，让学生分享他们选择了哪些能力以及选择的原因，并在必要时提供补充信息或建议。例如，有效的

“目标设定”（goal setting）可以帮助我们确保自我调节的努力指向一个有意义、可实现但仍然具有挑战性的结果。当我们在自我调节过程中遇到障碍时，通过找到克服困难的策略（而不是轻易放弃），我们就能展现毅力（perseverance）、适应能力（adaptability）和问题解决能力（problem solving）。此外，成功的自我调节还能增强我们的自我效能感（self-efficacy），让我们确信自己能够克服困难，在技能掌握方面取得进步。自我调节还鼓励我们更深入地思考自己想要实现的目标、通常会遇到的挑战以及有助于我们取得进步的策略，从而提高我们的自我意识（self-awareness）。在讨论过程中，请注意有多种能力同时支持成功的自我调节；反过来，自我调节技能的提高也会强化这些能力。

图 1.1　能力轮盘

活动3：我们已经在自我调节了

向学生解释，他们其实已经在很多方面进行了自我调节，尽管他们可能并没有意识到这一点。青少年和成年人常见的自我调节方式包括定期锻炼和节约开支。在课堂上集思广益，全班学生列出至少十项他们或他们的朋友过去已经进行过或将来可能进行自我调节的事项。保留这份清单，以便在未来的活动11、活动12和活动24中作为参考。在必要时，提供指导或补充其他建议。以下是一些示例：

- 按时上学或上班。
- 存钱买大件商品。
- 提高游戏技能。
- 把注意力集中在某项任务上。
- 沮丧时能冷静应对。
- 均衡饮食。
- 按时完成家庭作业。
- 定期锻炼。
- 按时完成工作任务。
- 读完一本书。
- 亲切地和兄弟姐妹交谈。
- 完成日常杂务。
- 记住上学所需用品。
- 完成学校或个人项目。
- 管理游戏时间。
- 复习备考。

接下来，让学生独自列出他们已经成功实现自我调节的三件事情，以及他们期望在未来能更有效地进行自我调节的三件事情。他们可以从之前全班共同列出的清单中挑选项目，也可以添上新的事项。

教师的话

当我问学生在现实生活中如何开展自我调节以及未来打算如何更好地开展时，一些学生给出了非常有见地的回答。他们已经意识到自我调节将给他们的生活带来深远的影响，这非常令人鼓舞。

——凯特，英语语言艺术教师

活动 4：自我调节的要素

向学生展示图 1.2 中的“自我调节海报”，并要求他们把海报中的四个要素与自身实际相结合，举出生活实例（例如，选择更健康的食物，及时批改作业，定期锻炼）。强调这四个要素对自我调节而言都是不可或缺的，并举例说明，如果缺失某些要素（如计划不周、未能按需调整），就可能会导致我们偏离正轨，无法实现既定计划。

先让学生思考片刻，反思自己在这些要素上的个人优势和不足，然后，将教室的四个角落与海报上的四个要素一一对应（例如，西北角代表“计划”，西南角代表“监控”，等等），让每个学生站在与自身优势相对应的角落。学生就位后，让他们讨论为什么选择将这个要素作为自己的优势。邀请每个小组分享他们展现某个要素的具体做法。最后，总结学生的讨论，强调各小组之间的共性和差异，将海报挂在教室里，以供未来活动时查看。

教师的话

在我的生活中，我一直都在进行自我调节，并会尝试用这些实例来教导我的学生——我会告诉他们我每天是如何安排计划的，以及我是如何规划一整个星期的。我认为，这确实有助于他们理解老师在日常生活里可能会做的事情，而不仅仅是与学校有关的事情。

——贾妮尔（Janelle），代数教师

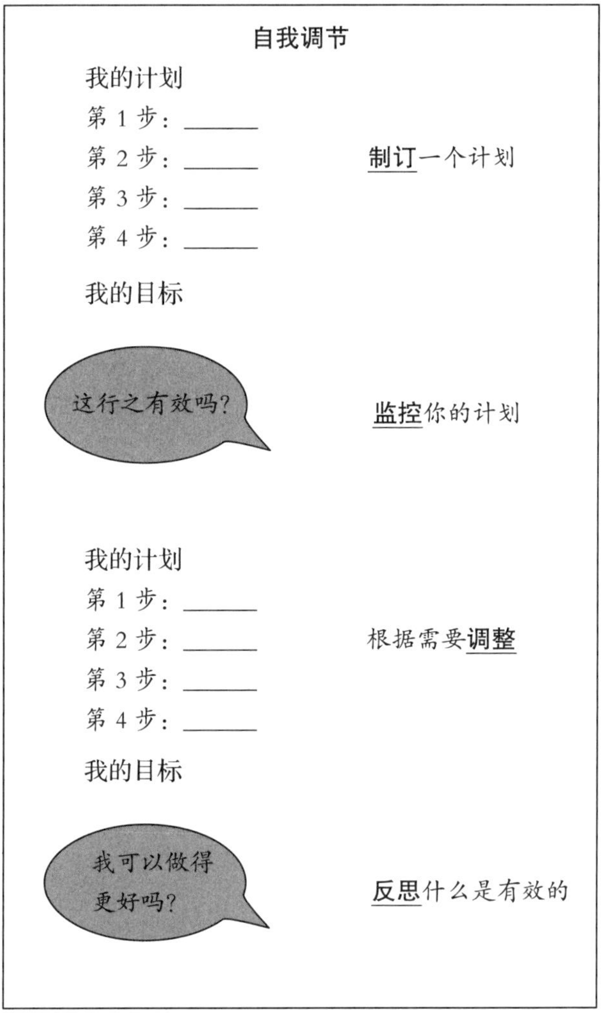

图 1.2　自我调节海报

活动 5：检查理解情况

使用答题卡或在线测验平台，收集每个学生对表 1.1 所示题目的回答。检查学生的回答，确保他们理解自我调节的概念。如果必要，请重新教学。（表 1.1 的答案：1. b；2. 错；3. 对；4. 错。）

表 1.1 检查理解情况——定义与目的

题型	题目	答案
单项选择题	1. 在下列句子中，选出对自我调节的最佳描述 a. 积极主动地计划如何实现目标、学习技能或完成任务 b. 积极主动使用某个过程（如制订计划、监控计划、根据需要调整、反思）来实现目标、学习技能或完成任务 c. 遵循老师的详细计划（包括根据老师的建议做出改动，反思自己的进展）实现目标、学习技能或完成任务 d. 在实现目标、学习技能或完成任务等方面取得进展	
对错判断题	2. 自我调节对学业来说很重要，但它并不能真正有助于提高运动或音乐能力	
	3. 培养自我调节技能也有助于培养你的毅力和改进你的目标	
	4. 如果你每周都核查自己的成绩，那么你就是在自我调节	

引导式合作学习

场景导学活动涵盖了青少年可能会遇到的一系列情况。通过这些合作学习活动，学生可以更深入地理解自我调节的概念。你的目标是让学生能够清晰地阐述自我调节的各个要素，并描述自我调节过程的复杂性。

活动 6：这是自我调节吗？

让学生分组填写表 1.2，确定每个场景是否属于自我调节的一个实例，并解释原因。引导他们参看活动 1 中的定义，并对各个场景进行深入分析。

表 1.2 这是自我调节吗？

场景	这是自我调节吗（是/否）	为什么是/为什么不是
例：你妈妈设定了一个计时器，要求你在计时器响铃之前完成作业	否	这不是自我导向的——我妈妈在迫使我做作业，而不是由我自主进行的
1. 你意识到自己忘了复习考试内容，于是在开考前挤出 5 分钟匆忙复习		
2. 你有一个大项目，一个月后就要提交了。你的朋友说她要到下周才开始担心这个问题，于是你也准备效仿她		
3. 你写下了所有需要完成的作业，每完成一项就从清单上勾掉一项		

向全班汇报。场景 1 不属于自我调节，因为你没有遵循任何过程，没有提前制订计划。场景 2 不属于自我调节，因为你依赖他人来指导自己的行动——你没有自我指导或制订自己的计划。场景 3 可能属于自我调节——你通过写下自己的作业清单，以此实现自我导向和主动计划，然后通过勾掉已完成的作业来进行监控。虽然这个场景没有提供关于你如何调整计划或反思努力的细节，但总的来说，它是一个积极主动、自我导向的任务完成过程，遵循了自我调节的定义。

活动 7：将结果与行为联系起来

向学生解释清楚，即使看似简单的事情，也包含了一系列的行动和考量。例如，在表 1.3 的场景中，如果要避免工作中被记过，仅仅按时返回工作岗位是不够的。具体的步骤或任务可能会包括这些内容：了解休息时间的长短以及在这段时间内可以完成的工作；估算完成发短信、吃零食、上厕所和回到岗位等事项所需的时间；在休息结束前几分钟设定闹钟。把表 1.3 中的例子给学生完整过一遍，然后让学生分组阅读各个场景并完成表格的剩余部分，鼓励他们进行创造性思考。由于这些场景没有提供太多的细节，因此学生可以根据自己的经验来假设需要考虑的行动。

表 1.3　把结果与行为联系起来

场景	如果这个人自我调节成功了，会产生什么结果	为了实现目标，这个人可以自我调节哪些行为、想法或行动
例：一个朋友在大学二年级的时候未能加入大学排球队	在大学三年级时成为校排球队的一员	• 在休赛期增加练习到每周 3 次 • 请朋友或教练帮助找出需要改进的地方 • 注意营养和锻炼 • 保持好成绩以获得参队资格
1. 你的朋友因为休息后未能按时返回工作岗位而受到公司的警告		
2. 投票者的起始年龄是 18 周岁，而你那位朋友将在大选后 3 个月才年满 18 周岁		
3. 你的一名队友在她最近的 4 场比赛中，没有命中任何罚球		
4. 你同学的 SAT（大学入学考试）分数比他所希望的要低得多		

（续表）

场景	如果这个人自我调节成功了，会产生什么结果	为了实现目标，这个人可以自我调节哪些行为、想法或行动
5. 一位朋友因只顾玩游戏而不做家务，被家里禁止出门了		
6. 一个上英语课的同学没有按时上交书面作业		
7. 在西班牙语课的口语考试前，你会感到压力很大，甚至忘记了学过的大部分单词		

采用修改过的拼图教学法①，将学生重新分为七个专家小组（expert group），并为每个组分配一个场景，让他们进行深入讨论。讨论中，学生可以在每个人想法的基础上，创建一个更详细的行为清单，以明确为了实现目标，个人需要实施哪些自我调节行为。随后让学生回到各自的原始小组（home group），讨论他们为指定场景所确定的额外行动。由于班级规模的限制，每个学生在从专家小组返回后，原始小组可能无法涵盖每一个场景。这是可以接受的，因为这项活动的目的是让学生认识到，为了实现目标，可能需要进行多方面的自我调节。

教师的话

当我让学生思考“在未来，你认为这个过程对你会有什么帮

① 拼图教学法（jigsaw approach），也被译为“切块拼接教学法”“拼图法”“拼图式学习方法”等。它包括四个步骤：首先，形成五六名学生组成的原始小组；其次，将阅读材料分成多个部分，每一部分对于理解整个课程内容都是至关重要的，原始小组的每个学生负责其中一项任务；再次，根据任务内容重新分组，相同任务的学生为一组，即专家小组；最后，每个学生向原始小组的其他学生提交一份关于本人任务主题的报告。

助?”时，他们提出了很多出乎我意料的想法。一个学生谈到了自我提升，我让他进一步解释。他说：“比如你想学弹吉他，或者想加强锻炼，想减肥，或者想学习一种不同的技能，比如空手道等。”学生们真的开始接纳这个想法了，甚至还有几个学生说，他们想利用这个过程来帮助自己存钱上大学，因为他们担心家里没有能力支持自己。他们看到了自我调节应用于实践的多种可能性。

——梅拉妮（Melanie），AVID 项目①教师

活动 8：完成家庭作业的 10 个步骤

让我们更深入地探究表 1.3 中的场景 6：一个上英语课的同学没有按时上交书面作业。现在，我们可以给学生一个挑战，让他们在布置作业到提交作业之间确定 10 个步骤。教师可以使用共享的可视化文档，让全体学生一起罗列这 10 个步骤并进行排序。需要再次强调的是，每当学生按时完成家庭作业并提交时，他们都在展示自我调节能力。保留学生列出的这些步骤，因为我们将在活动 21 中回顾该列表。

活动 9：情景判断测验

让学生自主阅读所给场景，并根据提示回答问题。下述场景会在后续章节中持续出现并有相应扩展，学生需要在先前答案的基础上回答相关问题。附录 A 提供了一份可供复制的表单，其中包含了所有的情景判断测验及其对应的活动编号。

① AVID（Advancement Via Individual Determination）项目，常译为“个人决心进阶项目”，1980 年兴起于美国加利福尼亚州圣迭戈地区克莱尔蒙特高中（Clairemont High School），是一种面向学校中大多数成绩处于中游但有志于进入高等学校学习的中小学学生开展的衔接项目。同时该项目还针对大学生开发了支持系统，以帮助他们完成学业。

场景

健康课上，亚历克斯和他的同学们了解到每天适量喝水的好处。亚历克斯认为他没有喝足够的水。

写出亚历克斯应向自己提出的三个问题，以便更清楚地了解自己的饮水量和可能需要改变的行为，从而实现每天饮用足量水的目标。

查看每个学生的回答，并确定他们提出的问题是否会增强自我意识。他们提出的问题可能会包括这些：我每天喝多少水？我什么时候喝水？除了水我还会喝什么？我每天应该喝多少水？为什么我不多喝些水（因为没有水可喝或者我不喜欢水的味道）？给每个学生提供具体的、有建设性的反馈。

反馈式自主实践

通过自主实践，学生能够将所学知识应用到自己的工作中。这不仅可以提高技能掌握的熟练度，而且可以为形成性反馈和指导提供机会。你的目标是引导学生反思自己在自我调节四个要素上的个人优势和不足之处。

活动10：评估你的自我调节能力

附录B提供了自我调节问卷与知识测验表。虽然我们可以将其打印出来并在纸上完成，但通过数字方式填写会更有效。如果要进行在线测试，教师个人或学校可以找找看是否有相关的调查网站或问卷工具，先在上面注册一个免费账户；然后，根据网站说明自行编写自我调节问卷与知识测验表，并遵循操作指南开展学生评估。在理想的情况下，学生完成评估后，该网站会立即为学生生成一份成绩摘要。作为教师，你将能够查看全班的综合成绩、个人成绩摘要和完整的数据文件。

教师的话

我很喜欢通过问卷了解每一组学生的情况，但我最喜欢它为每一个学生提供的洞察力，学生们也是如此！

——辛迪（Cindy），高中辅导员

向学生说明，他们每个人都将填写自我调节问卷与知识测验表。这些测试的结果将有助于他们更深入地了解他们目前的自我调节方式，并衡量他们对自我调节概念的理解程度。向学生保证，这项测试的成绩不会影响他们的评分，但你希望他们能够慎重和诚实，因为他们将利用这些信息来思考他们的优势和需要改进的地方。

如果你通过在线测试的方式让学生填写自我调节问卷与知识测验表，那么请为学生提供测试链接和代码。如果条件允许，建议你提供电子版的测试链接，这样可以节省时间。请提醒学生输入他们特定的学生编号，或者为每个学生分配一个特定编号。这样，教师就可以查看他们的个人成绩了。一定要提醒学生，完成测试后他们应停留在成绩页面上，以便进行后续活动。

告知学生，在填写第 1～28 题时，每阅读一道题都应该停顿片刻，想一想过去几个月的经历，思考自己在各种情况下的自我调节能力。例如，可以反思自己按时交课程作业的频率，或者完成个人目标的情况，如存钱、提高运动水平或学习一项新技能。以下是问卷中的一些题目示例：

- 我周密计划，致力于完成我想完成的项目。
- 我持续跟踪我的项目进展情况。
- 一旦我发现事情进展不顺利，我就想做点什么。
- 在设定新目标时，我会回顾自己过去的表现，思考哪些方面做得好，哪些方面需要改进。

向学生解释，第 29～49 题旨在检验学生对自我调节概念的理解程度，以及在特定情况下实现有效自我调节的潜在方法。让学生放心，他们无须现在就知道所有的正确答案，因为在接下来的几周里，他们将会更深入地学习关于自我调节的知识。请确保给学生足够的时间来完成测试（10~15 分钟）。

学生提交测试后，结果页面将会自动展示。随后，每个学生需要根据这些结果来完成表 1.4 和表 1.5。自测分数以百分制呈现，因此可以将其理解为百分比（类似于分数的呈现形式）。知识分数则是基于 20 道知识测验题的总分来计算的。学生可以通过将正确答案数除以 20 再乘以 100 得出自己的正确率。

表 1.4　我的自我调节前测结果（1）

要素	自测分数（来自图表）	从 1（最高）到 4（最低）对四大要素进行排序。如果两个要素得分相同，选择你认为较高的那一个	针对每个要素，列出一道能凸显自身优势的题目	针对每个要素，列出一道能体现自身有待改进之处的题目
制订计划				
监控计划				
调整计划				
反思什么有效，什么需要改进				

表 1.5　我的自我调节前测结果（2）

知识分数	计算得出的百分比	答对的一道题	答错的一道题
______/20			

仔细查阅每个学生的汇总结果，给出具体的反馈与鼓励。例如，如果一个学生在“反思”方面得分最高，而在“计划”方面得分最低，你可以这样写：“你的反思能力非常出色，这非常好，这意味着

你具备自我意识。在我们一起实践自我调节之后，你将会掌握为自己的成功有效计划的技能。”

如果该网站提供“教师视图”等后台功能，请使用该功能查看单个学生的个人成绩和全班学生的综合成绩。具体步骤如下：首先，在网站上重新登录你创建的账户，接着在列表中找到相应的测试，并点击按钮打开该测试的教师视图。在这里，你会看到学生在每个要素上的得分汇总图和班级整体的得分汇总图，还有学生对自我反思题的答题细目表。最后，你还会看到正确回答每道知识测验题目的学生百分比和班级平均成绩。请仔细查看这些结果，并准备好在活动 11 中根据需要重新查看它们，以便更好地指导课堂讨论。

教师的话

我填写了同样的问卷，并向学生展示了我的问卷结果、我是如何回答问题的以及一些我过去没有意识到的或没有想过的问题——我很拖拉。

——吉尔（Jill），化学教师

活动 11：反思优势与挑战

向学生说明，他们将学习如何制订详细的、切实可行的计划，同时这些计划需要包括克服潜在障碍的方法。如果我们的计划涵盖了这些内容，那么相较于模糊或不切实际的计划，它们将更有可能促使我们取得进步。同时，要提醒学生，自我调节中的“自我”意味着我们自己必须能调节好自己的行为。虽然教师和家长可以在学习过程中提供支持与帮助，但归根结底，自我调节是一种个人能力。高默·埃里克森等人（Gaumer Erickson et al., 2021; Gaumer Erickson et al., 2020）指出，来自 18 000 多名学生的自我调节问卷与知识测验表（活动 10）数据显示，大多数学生认为他们在自我调节的制订计划方面最需要帮助；没有一个好的计划，我们往往无法实现自己的目标。请问一问你的学生，他们是否也把制订计划评为自己的最低分。

我们每个人在自我调节方面都有自己的优势和需要改进的地方。利用学生在表1.4中填写的信息，让学生回顾他们认为属于个人优势的要素、具体的问卷题目以及他们认为需要改进的方面。

让学生与其他同学分享他们在问卷中确定的两道题目——一道反映他们自认为的个人优势，另一道反映他们自认为有待改进之处。表扬学生分享的优势，并针对全班的整体情况做出适当总结。（例如："看来作为一个整体，我们班都很擅长反思。我很好奇，在实践自我调节之后，我们在'制订计划'上的分数是否会有所提高。"）同时，我们要强调一点，那就是无论是学生还是成年人，每个人都需要在一生中不断地努力提升自我调节能力。

教师的话

孩子们可以互相谈论他们的困难，知道并非只有自己在为学习不够好、不能完成作业或跟不上某门课的进度而苦恼。这非常好。

——凯特琳（Caitlin），技术教师

活动12：评价你的努力情况

简要回顾图1.2中所展示的自我调节四大要素——计划、监控、调整和反思，然后，让学生在表1.6中写下至少三项最近正在尝试的具有挑战性的活动、任务或目标。指导学生在每个要素的箭头上画一个标记——表示他们在每种情境下运用各个要素的程度（即使他们当时并未意识到自己正在运用这些要素）。然后，让学生写一两句话，说明自己的优势和有待改进之处。这些活动可以来自学校、工作、运动、课外活动或个人生活。如果学生在确定活动或目标时感到困难，鼓励他们回顾自己在活动3中列出的清单。

表 1.6 评价我的努力

活动或目标	计划	监控	调整	反思	我哪里做得好	我在什么地方可以改进
例：吃健康的零食而非垃圾食品	低 高	低 高	低 高	低 高	我提前计划好了要吃健康的零食，并确保它们方便易得	我监控了几天，但后来就中断了，结果连着吃了两天垃圾食品，却没有相应地调整我的计划。我应该持续监控，并灵活调整
	低 高	低 高	低 高	低 高		
	低 高	低 高	低 高	低 高		
	低 高	低 高	低 高	低 高		

活动13：持续反思的日志记录

总的来说，人们需要具备自我调节的能力，以逐步实现他们的目标。那些学会并坚持在学校中运用自我调节方法的学生，已经体验到了这种能力带来的各种好处。例如，他们能够按时完成更多的家庭作业，在课上的表现更出色，能更好地掌控自己的学习和将要完成的任务，做事情更有条理，时间管理更有效，在课上能学到更多的内容。此外，他们还能够找出自己难以做好某事的具体原因，并直接应对这些挑战。更重要的是，他们能更好地理解自己的特定行为（或不采取的行为）是如何影响自己的进展和整体成功的（Gaumer Erickson & Noonan，2019b）。除了与学校相关的行为，自我调节还可以应用于控制自己的情绪反应，或者提高自己在音乐、艺术及运动等方面的能力。

为了提高学生的自我调节能力，教师要挑战学生，要求他们记下一件在未来几天内要完成的事情——选择这件事情时应该着重关注他们在活动10或活动12中得分最低的部分。他们可以选择他们在活动3中集思广益想出的某个行动，也可以提出他们想尝试的新行动。学生需要在一周内每天写日记，记录自己在期望行为方面的成效（如尝试过的策略、遇到的挑战和成功的经验，或者正在做出的调整）。为了营造一个协作、互助的学习共同体，教师需要给学生提供充足的时间，让他们反思和讨论自己在提高自我调节能力方面所做的努力。

本章小结

通过这些辅助活动，学生可以更深入地掌握自我调节的要素，并理解自我调节在当前和未来对个人发展的重要性。他们还可以通过反思自己的自我调节行为，测试自己的自我调节知识以及确定自己在自我调节各个要素上的个人优势和有待改进之处，学会自我评价。章末的教学规划工具可以为你制订教学计划提供指导。我们也鼓励你与同事们一起制订并反思教学计划的有效性。当学生认识到自己在自我调节方面的个人优势与挑战时，他们就能提高自我意识，并开始为自己的行为承担更多的责任。

为了引起学生的共鸣，你可以选择编写小故事或调整活动。接下来，还要考虑如何给学生提供持续的实践与反馈。请选择适当的教学活动，以帮助学生实现起始教学、引导式合作学习和反馈式自主实践的学习目标。

教学规划工具

<table>
<tr><td colspan="2">起始教学：学生能对自我调节进行描述，并阐明为何它对自己的生活至关重要</td></tr>
<tr><td>教学活动</td><td>笔记与调整</td></tr>
<tr><td>活动 1：界定自我调节
活动 2：将个人内省能力联系起来
活动 3：我们已经在自我调节了
活动 4：自我调节的要素
活动 5：检查理解情况</td><td></td></tr>
<tr><td colspan="2">引导式合作学习：学生能阐明自我调节的各个要素，并描述自我调节过程的复杂性</td></tr>
<tr><td>教学活动</td><td>笔记与调整</td></tr>
<tr><td>活动 6：这是自我调节吗？
活动 7：将结果与行为联系起来
活动 8：完成家庭作业的 10 个步骤
活动 9：情景判断测验</td><td></td></tr>
<tr><td colspan="2">反馈式自主实践：学生能反思自己在自我调节要素上的个人优势与需要改进的地方</td></tr>
<tr><td>教学活动</td><td>笔记与调整</td></tr>
<tr><td>活动 10：评估你的自我调节能力
活动 11：反思优势与挑战
活动 12：评价你的努力
活动 13：持续反思的日志记录</td><td></td></tr>
<tr><td colspan="2">你将如何提供针对每个学习目标的持续实践</td></tr>
<tr><td colspan="2">你将在何时以及如何给每个学生提供反馈</td></tr>
</table>

第二章 CHAPTER2 制订计划

计划是自我调节的关键所在。作为成年人，我们会在实现学业抱负、养成健康行为、追求事业发展、管理情绪反应等方面设定短期或长期的目标，并制订相应的计划。这种目标导向型的计划，有助于我们集中精力关注那些影响成功的认知、元认知和生理因素，从而激发我们的积极性和主动性（Usher & Schunk，2018）。哈蒂在2009年的一项元分析综述中发现，元认知策略对学生的学业成就有着高达0.69的效应量。这进一步说明了“元认知活动可以涵盖以下方面：规划如何完成给定的学习任务、评估学习进展以及监控理解程度等”。同样，圣安杰洛（Santangelo，2016）与同事在一项包括38项研究的元分析中也发现，教授学生如何制订计划能够显著提高他们的写作质量（效应量为1.06）。计划是推动我们走向成功的一种关键策略。

教师的话

我认为自信是一种有利条件。有些学生起初不相信自己能构思演讲大纲并进行三分钟的有效演讲，最终却毫不费力地做到了。演讲结束后，我问学生们是否相信自己有能力完成整个演讲过程，每个学生都觉得这很容易。我告诉他们：“这是因为你们制订了计划，并努力按照你们的计划行事！”

——德布（Deb），英语语言艺术教师

回想你的学生完成的某个项目，它或许是撰写一篇论文、发表一次演讲、进行一次实验、改善社区或者向同学传授一个概念。虽然制订计划对成功完成项目来说至关重要，但学生需要经过有反馈的引导式实践才能熟练地掌握相关技能。作为负责任的成年人，我们经常会通过下列方式替我们的学生进行调节：将项目分解成较小的步骤，设定有短期截止日期的时间表，并管理完成项目所需的资源。虽然这些为学生进行调节的行为可以帮助他们取得短期成功，但我们并未能够培养他们的自我调节能力，也不能给他们的长期成功提供支持。为了将责任转移给学生，我们首先需要为学生创造一个能实现自我调节的环境，并提供必要的指导和有建设性的反馈，以帮助学生认识自身的优势和需要改进的地方。

现在，让我们回到上一章介绍的库珀老师的课堂，还有她的研究项目。

库珀老师的研究项目

库珀老师的学生已经仔细阅读了研究项目的评分标准，他们反思了自己过去的研究工作，找出了自己的优势和需要改进的地方，并设定了符合精通（mastery）标准且具有适度挑战性的目标。接下来，库珀老师让学生思考如何才能写出他们迄今为止最好的研究论文。学生分组进行讨论，然后在全班分享他们的想法。库珀老师则把所有这些想法都写到黑板上。然后，学生对自己的想法进行分类，以确定完成项目的关键步骤。最后，这些步骤看起来与库珀老师过去提供给学生的步骤非常相似，但现在她看到学生在讨论如何具体执行每个步骤，显示出比过去更深入的研究参与度。

在确定了步骤之后，库珀老师让全班同学一起合作，从截止日期开始向前倒推，为每一步设定完成的最后时限。她考虑过让每个学生自己确定时间表和截止日期，但她对于管理这么多短期的截止日期有些顾虑。为了确保学生依然能占据主导，她决定通过让学生表达意见、协商并达成共识的方式，让整个班级在时间上达成一致。

最后，库珀老师解释说，时间表固然重要，但它并没有为如何完成研究论文提供一个真正的自我调节计划。要做到这一点，每个学生都需要制订一份自我调节计划，包括他们将在何时何地完成论文，他们需要什么资源，他们将如何避免或解决干扰以及其他要做的、可能会占用项目时间的活动，比如运动。库珀老师对学生之间的讨论感到惊讶，他们会讨论如何挤出时间做项目，如何使用手机设置提醒，如何选择适合集中注意力的地点以及诸如让手机静音以集中注意力之类的策略。最后，每个学生都制订了一份详细的研究和论文写作计划。

库珀老师仔细审阅了每份计划，并根据她对每个学生的了解，通过提示每个学生拓展其计划的形式来提供反馈。她松了一口气——研究项目正在顺利进行中。她相信所有学生都明白完成研究论文的期望与过程。

学生的话

我非常不擅长制订计划。我只是等着老师告诉我做什么。

——一个十年级学生

自我调节对我们生活的各方面都有重要意义。杰出的运动员们会规划他们的训练，以确保自己能有最佳表现；表演者们会投入大量时间进行练习；员工们会及时完成任务。从我们的情绪反应到需要多年持续努力才能实现的个人和职业目标，自我调节都扮演着关键角色。然而，学生反馈，他们不知道如何有效地计划以取得成功，并且经常依赖他人来指导他们的行动。当学生被问及与自我调节相关的行为时，他们自认为最差的方面是制订计划。来自美国的 18 154名学生的自我调节问卷的“自我报告”部分和自我调节知识测验的结果表明，52%的学生在自我调节的“制订计划”部分给自己打了最低分，相比之下，20%的学生在“监控”部分给自己打了最低分，19%的学生在“调整”部分给自己打了最低分，9%的学生在“反思”部分给自己打了最低分（Gaumer Erickson et al.，2020）。本章的教学活动旨在帮助学生更好地理解自我调节中的“计划”这一要素，并鼓励学生在各种情景中制订详细、积极主动的自我调节计划。这些活动按从高度结构化的活动到具有反馈的真实自主实践的顺序进行排列。

教学活动大纲

★起始教学：目标是帮助学生明确目标与计划之间的差异，并让他们能够讲述制订自我调节计划对生活各个方面所带来的益处。

活动 14：我们为什么要计划？

活动 15：制订情绪调节计划

活动 16：反思我的学业计划

活动 17：计划的共同要素

活动 18：检查理解情况

★引导式合作学习：目标是让学生能够明确针对具体情境的高质量自我调节计划所涉及的行为、过程和时间安排。

活动 19：阿娃（Ava）需要更多的精力——制订健康饮食计划

活动 20：安东尼（Anthony）想存钱——制订存钱计划

活动 21：奥利维娅（Olivia）需要一个家庭作业计划——制订学业成功计划

活动 22：利维（Levi）对公共演讲的焦虑——调节生理反应的策略

活动 23：情景判断测验

★反馈式自主实践：目标是让学生确定他们想要实现的具体结果，并为实现目标制订个性化的、详细的自我调节计划。

活动 24：研制自我调节计划

活动 25：为成功完成作业或项目制订计划

起始教学

通过这些活动，学生可以学会关键概念，将其与他们的实际生活联系起来，建立共享词汇。你的目标是让学生能够区分目标和计划的不同之处，描述各种现实生活中的情境，并理解在这些情境下制定自我调节计划的好处。

活动 14：我们为什么要计划？

出示以下引言："没有计划的目标只是一个愿望（A goal without a plan is just a wish）。——安托万 · 德 · 圣-埃克苏佩里。"以全班或小组为单位,讨论以下问题：

- 这句引言是什么意思？
- 这句话又如何适用于我们？
- 你是否有过因为没有计划而未能实现的目标？

使用韦恩图（Venn diagram，又译作文氏图），让学生比较和对比"目标"与"计划"两个概念。学生可以参看他们在活动 7 中完成的表 1.3，该表提供了大量实例，展示了不同的目标与相应的自我调节行为。需要强调的是，无论是在学业、健康还是社会交往等方面，目标和计划都有助于我们集中注意力并引导我们的行为。计划是我们在一段时间内实施目标导向行为的方式。目标告诉我们要去哪里，计划则告诉我们如何到达目的地。

教师的话

学生表示："好吧。我能做到这一点。我确实有目标。它们或许不同于我的同伴或坐在我旁边的女孩的目标，但它们是我的目标，是专属于我的，适合我的，我有资源去实现这些目标。”

——汉娜（Hanna），英语语言艺术教师

活动15：制订情绪调节计划

通过播放短视频的方式，教师向学生介绍“调节情绪反应”这一概念，比如可选择来自森蒂斯（Sentis）2012年发布的《大脑动画系列》（*Brain Animation Series*）中的“情绪与大脑”这段视频。看完视频后，教师可以向学生解释：我们一整天都会感受到各种情绪，这是健康且自然的，重要的是要学会调节我们对这些情绪的表达方式。通过使用应对机制或放松策略（calming strategies），我们可以更好地控制情绪反应。

出示图2.1所示的情绪词轮（feeling word wheel），帮助学生识别不同的情绪。让学生与同伴一起查看和讨论两个外环中的一些复杂情绪。强调情绪往往会导致我们身体上的生理变化，并提示学生讨论他们在经历复杂情绪时所发生的生理变化，如心率加快、感觉发热和脸变红等。

让学生以小组为单位，讨论他们曾使用或可以用于管理情绪反应的应对机制、策略或工具。这些方法可能包括深呼吸、散步、在做出反应之前数十个数、找一个安静的地方或者做瑜伽。鼓励每个小组与其他同学分享三个想法。在学生分享时，教师可以将这些想法记录下来。可以考虑在教室里贴一张锚图①来展示这些想法，以便学生在需要时进行参考。向学生详细解释：如果没有计划，我们常常不知道如何应对强烈的情绪。如果我们提前计划好具体的策略，比如数十个数，我们就能开始管理自己的情绪反应。然而，并不是

① 锚图（anchor chart），也译为要点图，是将学习过程中的线索、提纲、方法、策略、思路等整理成图文，帮助学习者实现知识了解、识记、理解、迁移、运用的可视化表达方式。“锚”为核心知识点，“船”为结构化的要点，“锚链”为核心知识点和要点间的逻辑关联。锚图以核心知识点为“锚”，对整个知识结构起定位作用。

所有的策略都适用于每个人，因此尝试不同的策略来确定何时以及如何使用它们显得非常重要。

教师的话

我们经常在文学课上使用情绪词轮来表现我们的情绪以及交流方式。

——桑迪（Sandy），中学老师

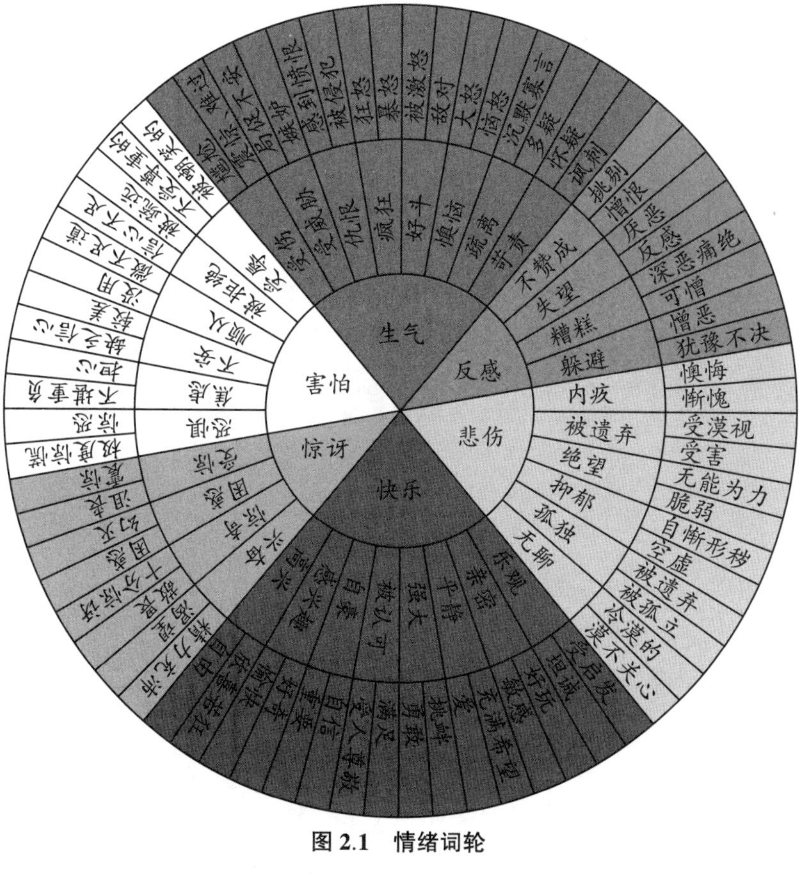

图 2.1 情绪词轮

活动16：反思我的学业计划

让学生花几分钟时间，反思他们目前是如何应对具有挑战性的作业、项目或测验的，并独自完成表2.1。鼓励学生在小组内或与同伴分享他们的评分和理由，并找出彼此的相似之处。向学生详细解释，大多数人的初始计划都很模糊，但我们将一起学习做好详细准备的意义——制订计划可以帮我们减少焦虑，节省时间，让我们不仅能完成工作，还能将有趣的活动纳入日程之中。查看学生的回答，并将其与你对学生的了解进行比较，以确定全班在制订计划方面的共同点。（我们将在活动25“为成功完成作业或项目制订计划”中再次用到此表）

制订计划对学业成功很重要。你是如何处理难做的作业、项目或准备考试的？

表2.1 反思我的学业计划

方法	要思考的问题	自评 （10=强；1=弱）	写一句话说明你的评分理由
自我导向	你会自己制订计划吗？或者你会等待其他人（老师、父母、朋友等）告诉你该如何做		
详细说明行动	你的计划是否包括大量细节？或者你的计划更像是一个宽泛的大纲？你是否会不制订计划就直接开始工作		

（续表）

方法	要思考的问题	自评 （10=强；1=弱）	写一句话说明你的评分理由
管理时间	你是否考虑过每一步需要花多长时间，并将工作或学习时间安排出来？或者你只是边做边想		
集中注意力	你想过在完成计划的过程中会遇到什么阻碍吗？你会计划好如何避免干扰吗？或者你只有在干扰出现时才考虑它们		
持续跟踪	你是否找到了跟踪进展的办法？或者你只有等到被提示才会去跟踪进展		
反思过去的努力	你有没有想过自己是如何完成以前的困难任务的？或者你会将每一种情况都视为新情况来对待，而不会过多考虑过去的事情		

活动 17：计划的共同要素

此时，学生可能已经强烈地认识到计划的重要性，所以现在是考虑如何有效地制订计划的好时机。与全班学生一起讨论，并引导他们思考如何将表 2.2 所示的计划的六个共同要素应用到某个常见的个人目标中，如增强力量或提高健康水平。例如，如果你的目标是增强力量，你可以按照以下六个步骤制订计划。

1. 将每天要做的运动列成待办事项清单。

2. 每天安排一个特定的时间锻炼，并在手机上设置提醒。

3. 设定几个时间节点，以便在这些时候反思自己的健身进展。

4. 制订一些策略，比如，在感到疲倦时先做自己最喜欢的运动，或者在因看不到力量快速增长而感到沮丧时，重复念一些积极的口号（positive mantra），如“熟能生巧”（practice makes progress）或“所有的进步都是好的进步”（all progress is good progress）。

5. 如果社交媒体令你分心，但你又想听自己下载的音乐，那么可以把手机调为飞行模式。

6. 找一个朋友和你一起锻炼，互相鼓励，并推动彼此付出最大的努力。

你的学生可能会贡献许多其他的例子。在结束讨论时指出，计划中包含的要素越多，成功的可能性就越大。

表 2.2　计划的共同要素

我的目标或结果：________________

计划的要素	说明	目标所具有的表现形式
待办事项清单	列出需要完成的具体行动或任务	
日程表	确定一些特定的时间来集中精力处理正在进行的任务；设置提醒	
时间表	列清楚每个步骤的预定完成时间，并确定监控目标进展的特定时间点	
情绪诱因（emotional triggers）与反应对策	思考在制订计划过程中可能会遇到的潜在情绪，然后确定你将如何处理自己的情绪反应，以便能够持续取得进展	

（续表）

计划的要素	说明	目标所具有的表现形式
解决干扰因素	发现潜在的干扰因素，并确定如何消除或解决它们	
责任伙伴	让朋友定期与你联系或参与你的活动或任务；互相提供支持、鼓励和真诚的、有建设性的反馈	

活动 18：检查理解情况

使用答题卡或在线测验平台，收集每个学生对表 2.3 中题目的回答。查看学生的回答，确保学生理解“计划”这一概念。如有必要，请重新教学。（表 2.3 的答案：1. 对；2. 对；3. 错；4. c。）

表 2.3 检查理解情况——计划的要素

题型	题目	答案
对错判断题	1. 如果你有计划，你就更有可能抵制干扰，管理好自己的行动	
	2. 如果制订了计划，就能在感到压力时更好地控制自己的反应	
	3. 目标和计划实际上是一回事	
单项选择题	4. 请在下列语句中，找出解决上学迟到问题的最佳办法 a. 告诉你妈妈这个问题，请她按时送你上学 b. 明天多设置一个闹钟，让自己更有可能准时起床 c. 思考造成自己迟到的可能原因（例如熬夜或直到早上才收拾好必备物品），并制订计划来解决这些问题 d. 既然你已经意识到问题所在，明天就不会再有麻烦了——你知道你只需要跟着闹钟起床就行了	

引导式合作学习

场景导学活动涵盖了青少年可能会遇到的一系列情况。通过这些合作学习活动，学生可以明确针对具体情景的高质量自我调节计划所涉及的行为。你的目标是让学生能够明确针对具体情景的高质量自我调节计划所涉及的行为、过程和时间安排。

活动19：阿娃需要更多的精力——制订健康饮食计划

全班阅读下述场景，讨论阿娃的健康饮食计划。该场景可从附录C中找到。我们将在活动58和活动69中再次回顾这个场景。

场 景

阿娃总是感到疲惫不堪，每天会花很多钱购买功能饮料和饼干，并将其作为日常午餐。这导致她每天下午都会在代数课上昏昏欲睡，总体上感觉不适。为了改善健康状况，她决定调整饮食，选择低糖、尽量少加工的食物，增加蛋白质、水果和蔬菜的摄入。她不再购买任何功能饮料，而是为自己制订了一份涵盖早、中、晚三餐和零食的食物清单（她参照了一个营养指导网站，确保这份食物清单能帮助自己实现健康饮食的目标）。她与家人分享了这份饮食计划，并请求妈妈不要再购买饼干。为了更好地跟踪自己的饮食习惯，她使用了一款应用程序来记录每天的食物摄入量。然而，在一个周末聚会上，阿娃没能抵挡住诱惑，吃了不少薯片和饼干。于是，她决定今后在包里常备燕麦棒和干果，这样在参加聚会时，她就有更健康的替代选择。阿娃每天都会查看应用程序中的数据，了解自己摄入的营养成分是否符合每日推荐量，并思考自己的饮食均衡是否符合自己制订的食物清单。她还使用了一个打印的日历，根据每天的努力程度给自己打分（1~5 颗星），并记下自己的成功或挑战。每周，阿娃都会反思自己的饮食习惯，看看哪些方法行之有效，哪些方法需要改进，然后相应地调整自己的饮食计划。现在，阿娃感觉自己更有精力了，在代数课上也不再打瞌睡，总体上感觉更健康了。

为了引导讨论，你可以展示图 1.2 中的自我调节海报，提示学生思考阿娃是如何应对自我调节的四个要素的。

- 阿娃的计划中包含了什么？
- 她是如何监控的？
- 她是如何调整她的计划的？她请别人帮助她了吗？
- 她是如何反思的？阿娃之所以成功，是因为她遵循了自我调节过程吗？

向学生强调：阿娃制订了一个详尽的计划，其中涵盖了多项行动步骤（包括制订一个食物清单、放弃不健康食物以及跟踪自己的食物摄入量）。在一次聚会上吃了不健康食物后，阿娃调整了自己的计划，随身携带健康零食。她也通过监控和反思来不断完善计划，如每天都查看应用程序上的数据，用星级评定自己的努力程度，记录个人的成功与挑战。此外，她还开展每周反思，充分评估自己计划的有效性，并确定自己可以在下一周做出哪些调整。

活动 20：安东尼想存钱——制订存钱计划

给学生提供一个例子（可以使用下面的例子，或者创建你自己的例子）。在这个例子中，一位年轻人正试图存钱买一个大件商品（另请参阅活动 34 和活动 46，以了解该场景的后续发展）。该场景可从附录 C 中复制获取。让学生通过小组合作，为安东尼制订一份存钱计划。

场景

安东尼想存钱买一台游戏机。他目前有一份兼职工作，每周收入大约80美元。然而，他通常会把所有的钱都花在和朋友外出就餐上。因此，安东尼意识到自己需要运用自我调节来存钱买游戏机。

小组讨论时，使用下列提示来深化学生的思考。

- 安东尼可以采取哪些步骤来存钱呢？请注意，这些步骤必须是具体的行动，而不仅仅是停止某些行为。如果不打算在食物上花钱，那么他将如何在社交场合与朋友见面并用餐呢？所有这些问题都应该考虑到，并成为计划的一部分。
- 可能会出现什么问题？安东尼能做些什么来防止他的计划脱轨？
- 实事求是地讲，安东尼需要多久才能攒够买游戏机的钱？

让每组学生简要介绍他们为安东尼制订的计划。在小组分享时，注意各组计划之间的相似之处和不同之处。强调一下，每个人的计划都不会完全相同——我们是独特的，因而我们制订的计划也是独一无二的。通过请学生举手回答问题来结束讨论，例如："你们中有多少人正在尝试或者想要存钱？""你们有具体的存钱计划吗？""它是否像安东尼的计划一样详细？"询问学生是否认为详细的计划比模糊的计划更有可能实现预期目标。

教师的话

最近，我开始正式教授自我调节的相关内容。我们上了一课，并制订了计划。很难的是，这些计划并非完全像我想的那样足够详细。但后来我不得不逐渐意识到，任何类型的计划都是提高学生自我调节能力的基石。

——贾妮尔，代数教师

活动 21：奥利维娅需要一个家庭作业计划——制订学业成功计划

告诉学生，尽管我们可能会认为我们的任务很简单（因此只需要一个简单的计划就能完成），但实际情况几乎总是会比我们最初想象的要复杂得多。对于经常做的某些任务，比如完成家庭作业，我们可能会不假思索地自动完成很多步骤，甚至没有意识到我们已经完成了它们。当我们能够顺利完成任务时，这通常不足以成为问题。然而，如果我们难以成功完成任务，那么就需要思考那些通常容易被忽略的小细节，因为这可能就是问题所在。为了帮助学生理解这一点，请阅读下面的场景，让学生以小组为单位进行合作，为完成家庭作业创建一个详细的计划。该场景会在活动 35 中再次用到，读者也可以从附录 C 中复制相关内容。

场 景

你的妹妹奥利维娅正在读六年级，她最近在完成家庭作业方面遇到了困难。她注意到你最近在按时提交作业方面表现良好，因此希望你能帮助她找到提高成绩的方法。你一直在通过自我调节来取得更好的成绩，而且你知道，通常来说，运用自我调节策略的学生更有可能按时完成家庭作业。因此，你决定帮助奥利薇娅制订一个运用自我调节来完成家庭作业的计划，这是你能提供的最佳支持方式。

给学生时间阅读这个场景之后，让他们通过小组合作，集思广益，共同思考完成家庭作业计划中需要包括的步骤。如果他们之前已经完成了第一章中的活动 8，那么他们可以参考之前定下来的步骤列表，来为奥利维娅制订一个更为详尽的计划。表 2.4 展示了一个学生可能会制订出的十四步计划的近似示例，供大家参考。

表 2.4　奥利维娅的家庭作业计划示例

步骤	计划示例
1	把每项作业及其截止日期都记到记事本上，以便随时查看
2	查看所有作业的上交时间，并优先处理第二天或近期内（未来几天）需要完成的作业
3	列出当天要完成的家庭作业，确保包含大项目的细分步骤
4	确定一个具体时间（比如下午4:30）开始做作业，并在该时间设置闹钟提醒自己
5	临近放学时，检查记事本和课后任务清单，列出需要带回家的所有必需物品
6	在下午4:30时，先确定每项任务或作业的完成顺序，并预计完成它们需要多长时间，然后在记事本上写下预计的时间
7	将闹钟设在下午5:15，以便检查作业进度
8	在有柔和背景音乐的房间里做作业，以屏蔽房子里的其他声音
9	当检查进度的闹钟响起时，查看记事本，勾掉所有已完成的作业；确定每项作业是否按预计时间完成，并记下每项作业的实际用时，再次估计完成剩余作业所需的时间
10	充分考虑可能的干扰因素。如果手机让你分心，请将其设置为静音模式，并仅在休息时查看。如果兄弟姐妹让你分心，告诉他们你正在做作业，询问他们是否可以在下一次预定的休息时间再和你说话或玩耍。如果音乐让你分心，请关掉它或者换成纯音乐。如果环境是干扰源，那就移到餐桌或其他可以集中注意力的地方
11	如果你需要休息，请合理安排。但在开始休息之前，务必设置闹钟以提醒自己何时该回去做作业。当闹钟响起时，完成剩余的家庭作业
12	作业一旦完成，就在记事本中勾掉所有作业，记录每项作业所花费的实际时间，比较预计时间和实际用时，使用这些信息来预测未来作业所需的时间

（续表）

步骤	计划示例
13	把所有完成的家庭作业和必要的用品都放到背包里，以免第二天遗漏
14	第二天到校提交作业。考虑长期作业的进展情况，并计划放学后的任务

为了确保家庭作业计划的全面性，并能涵盖所有必要部分，学生在帮助他人创建计划（以及在制订自己的计划）时可以使用具有针对性的问题。为了说明这一点，如果学生小组的计划包含表 2.5 中所示的某些家庭作业提示，则要求学生举手示意。逐一阅读每个提示，让学生确认他们的计划是否能够回答该问题，然后请学生分享他们是如何在计划中解决该问题的。如果某个小组的计划没有涵盖某个问题，则让他们将该问题记录下来，以便添加相应的步骤来解决它。

表 2.5 家庭作业提示

序号	家庭作业提示	是否包含在计划之内
1	你有什么家庭作业	
2	你需要什么材料来完成家庭作业	
3	你认为完成家庭作业需要多长时间	
4	今天你还有其他的计划吗	
5	你什么时候开始做家庭作业	
6	你将在哪里做作业	
7	有哪些可能会干扰你的因素？你将如何减少或消除这些干扰因素	
8	你需要休息吗？你什么时候休息？休息多长时间	
9	你需要帮助吗？如果需要，你将如何获得帮助	
10	你什么时候能完成家庭作业	

（续表）

序号	家庭作业提示	是否包含在计划之内
11	你将如何确定自己是否能在计划截止时间前完成家庭作业？如果进度不如预期，你会怎么做	
12	你将如何确保把作业交给老师（而不是忘在什么地方）	
13	你将如何以及何时反思计划的有效性，并确定是否需要调整	

结束讨论时，请再次向学生强调，看似简单的事情通常更为复杂。告诉学生，最有效的自我调节计划应该包含大量细节，如具体的行动或步骤、如何以及何时完成每个步骤、可能会遇到的潜在难题以及解决办法、如何监控进展以及怎样从经验中学习等。尤其是当你正在处理一些常规的但又变得具有挑战性的任务时，将细节包含在计划之内很重要，这出于以下几个原因：（1）这有助于确保你不会因为习以为常或例行公事而忽略该过程的某个重要部分，甚至不去思考它。（2）它使你不太可能因为突然遇到计划之外的事情而感到惊讶，从而避免偏离正轨。（3）它有助于你发现导致你目前难以完成任务的意外因素。

活动 22：利维对公共演讲的焦虑——调节生理反应的策略

需要强调的是，有各种各样的情绪是正常的，且情绪通常会引起生理反应。提醒同学们，当经历强烈或紧张的情绪时，我们可以采用应对机制或放松策略来帮助自己调节这些情绪以及它们所引发的生理反应。接下来，全班阅读以下场景，然后共同创建一个详细的计划，以调节在这种情景下的情绪反应。该场景可从附录 C 中复制获取。此外，你可以在活动 36 中找到一个已完成的计划示例。

场景

你的朋友利维正在参加一门公共演讲课程。他深知在自己未来的职业生涯中需要在公共场合发表演讲。然而，他面临着一个问题：每当在众人面前演讲时，他都会感到极度焦虑。这种焦虑导致他手心出汗、口干舌燥，进而使得他的演讲语速过快、缺乏情感。请帮助利维制订一个计划，以减轻演讲时的焦虑，并更有效地传达他的想法。

让学生以小组为单位，为利维制订一个计划，以便他能在公共演讲时更有效地表达自己的想法。这个计划可以以表 2.6 中的导引问题为基础，其中应当包含利维的演讲准备和他在演讲前可以使用的放松技巧。

表 2.6　情绪调节的导引问题

序号	情绪调节的导引问题
1	当前出现了哪些情绪
2	正在经历哪些生理反应
3	为了应对这种情绪状况，可以采取哪些准备措施
4	可以采取哪些行动来应对情绪反应
5	如何重构这种情景，以减轻压力
6	反思如何为未来的类似情况提供借鉴

让各小组交换计划、共同讨论，并互相提供反馈。在反馈中，他们应该指出至少两个优点和一个有关计划的问题或建议。然后，让每个小组报告他们所看计划中的一个独特或有趣的想法。如果发现某个小组的计划不够详细，可以参考活动 36 中的计划示例来指导他们。

为了拓展这项活动，可以邀请学生回忆过去曾引发他们焦虑的某项目标或任务，引导他们编写一份自我调节计划来应对这种焦虑。

在这份计划中，他们应该写明自身的感受以及在这种情景或经历中导致他们产生此种感受的具体原因是什么。然后，他们应该探索并确定自认为有助于减少焦虑的策略（可以参考他们在活动 15 中创建的锚图）。

学生的话

在做物理演示之前，我会用缓慢的膈肌呼吸来放松自己的神经。

——一个十二年级学生

活动 23：情景判断测验

让学生自主阅读以下场景并回答问题。下述场景会在后续章节中持续出现并有相应扩展，学生需要在先前答案的基础上回答相关问题。附录 A 提供了一份包含所有情景判断测验的可复制表单。

场景

健康课上，亚历克斯和他的同学们了解到每天适量喝水的好处。亚历克斯认为他没有喝足够的水。

假设亚历克斯和你上同一所学校，并与你参加相同的课程和课外活动。为亚历克斯制订一份含有五个步骤的每日计划，以增加他的饮水量。

查看每个学生的答案，确定学生提出的步骤是否有可能增加亚历克斯的喝水量，是否给出了五个不同的步骤。这些步骤涵盖了计划中的哪些共同要素（表 2.2）？这些步骤是否可以解决身边没有水之类的问题？计划中是否包含了监控方法？尽可能给每个学生提供具体的、有建设性的反馈。

反馈式自主实践

通过自主实践，学生能够将所学知识应用到自己的工作中。这不仅可以提高技能的熟练度，而且可以为形成性反馈和指导提供机会。你的目标是让学生明确他们想要实现的特定目标，并为实现目标制订个性化、详细的自我调节计划。

学生的话

当老师开始和我们谈论自我调节的重要性时，我意识到自己在这方面存在严重的不足。我以前从不看重最后期限，总是在最后一刻才匆忙完成作业。实践自我调节确实有助于我按时完成作业，提高作业质量。在采取这种方法之前，我确实尝试了制订计划，这有助于我更快地完成任务。……我决定写一份很好的简讯。

——一个十年级学生

活动 24：研制自我调节计划

向学生建议，他们可以研制一个计划来完成自己的短期目标。让学生选择某件对他们来说重要的事情作为目标（如通过驾照考试、按时上学或上班、写出更好的论文、增强体质或解决压力），这个目标需要在他们的能力范围内（如申请工作而不是获得一份工作），并可以在接下来的几周内实施。如果学生在选择目标时感到困难，可以让他们参考活动 3 中创建的事项列表，该列表包含了他们想在自我调节方面做得更好的事情。

告诉学生们，他们将在接下来的几周里把自己的计划付诸实践，并在课堂上讨论和学习如何监控自己的计划，以及在进展不顺时如何调整计划，还要对自身努力和目标实现的进展进行反思。就像他们为安东尼存钱、为奥利维娅按时完成家庭作业以及为利维减少公共演讲焦虑所撰写的计划一样，他们应当制订一份详细的计划，其中包含切实可行的时间表、在实现目标过程中需要采取的步骤、可能遇到的潜在障碍和困难清单（以及用来克服这些障碍和困难的策略）。

提醒学生，好的计划应当足够详尽，涵盖以下所有问题。

- 我如何判断自己是否成功实现了目标？成功的标准是什么？
- 实现目标需要采取哪些步骤、策略和行动？我将在何时、何地以及如何努力达成我的目标？
- 可能会出现哪些问题？我将如何避免或克服这些挑战？
- 我将如何监控自己的进展？

让学生记录以下内容：他们的目标，为实现这些目标需要采取的步骤、策略或行动（即他们的计划），可能会出现的挑战以及应对这些挑战并保持前行的办法。提醒他们尽可能详细记录。

让学生与同伴分享自己的计划，并进行讨论。同伴可以提出改进计划的建议。在相互提供反馈时，学生可以根据图2.2中的反馈提示开展反思。

1. 该计划是否涵盖了所有或大部分共同的计划要素？如果没有，可以增加哪些要素来改进计划？
   (1) 待办事项清单：列出需要完成的具体行动或任务。
   (2) 日程表：确定一些特定的时间来集中精力处理正在进行的任务；设置提醒。
   (3) 时间表：列清楚每个步骤的预定完成时间，并确定监控目标进展的特定时间点。
   (4) 情绪诱因与反应对策：思考在制订计划过程中可能会出现的潜在情绪，然后确定你将如何处理自己的情绪，以便能够持续取得进展。
   (5) 解决干扰因素：发现潜在的干扰因素，确定如何消除或解决它们。
   (6) 责任伙伴：让朋友定期与你联系或参与你的活动或任务；互相提供支持、鼓励和真诚的、有建设性的反馈。
2. 完成计划可能会遇到哪些障碍？为了防止计划偏离正轨，可以对计划进行哪些更改或增补？
3. 该计划是否可以独立完成，还是需要帮助（例如，前往面试的交通工具或帮助开设储蓄账户）？如果需要帮助，获取帮助的步骤有哪些？
4. 我对计划中包含的步骤涵盖了确保成功所需的一切要素有多大信心？如果没有信心，我会如何建议以进一步改进计划？

图2.2　计划的反馈提示

要求每个学生完成并提交一份完整的计划，并针对每份计划提供反馈。在反馈中，请至少指出两个好的方面以及一个学生可能需要考虑改进其计划的方面。你可以将这些计划或活动 25 的计划纳入第三至五章中和自我调节其他要素（监控、调整和反思）相关的应用活动之中。

学生的话

这帮助我意识到我需要更有条理，我正在努力完成我的任务，并力图在这方面做得更好。我每天晚上都会给自己列一份待办事项清单，这样我就能按时完成所有的作业。

——一个九年级学生

活动 25：为成功完成作业或项目制订计划

让每个学生为即将进行的项目、复习备考或完成日常作业创建个人计划。为了制订出能满足他们需要的计划，学生可以参考表 2.1 中所列的关于学业计划的个人反思，进而思考他们过去的行为。全班一起讨论下列步骤，集思广益，想出各种选项，并记下他们想要纳入计划的想法。

第一步：想象成功

即使目标看似和按时交家庭作业一样简单，也要让学生想象并讨论成功的情景。按时交家庭作业的好处是什么？高质量家庭作业应该是什么样的（例如，完成整个作业，仔细检查答案，如果不确定某个概念就向朋友请教，等等）？提示学生以目标或结果的形式记录他们所想象出的成功情景。附录 D 提供了示例模板，以供参考。

第二步：布置学习空间

向学生解释，确定一个专门的学习空间，并根据他们自身学习和做家庭作业的具体需要加以布置，这将有助于他们专心学习。尽管学生可能无法控制学习空间的所有方面（例如，使用家里的餐桌而不是专用书桌），但他们可以采取一些措施来减少干扰，如把所有需要的学习材料放在一起，戴耳机来隔音以及将手机上的社交媒体通知设为静音，等等。

讨论下列问题，引导学生关注他们要纳入自己计划的想法。

- 你家里的哪些地方有可能成为你的学习空间？是厨房还是餐厅的桌子？是你的床还是客厅里你最喜欢的椅子？
- 你认为哪个地方会让你感到舒适，同时又能让你专心学习？
- 在你的学习空间，你认为可能需要哪些用品？例如，你需要一台电脑？纸和笔？课本？水？其他用品和资源？
- 哪些干扰因素可能会妨碍你的学习？
- 你将如何减少或消除这些干扰因素？
- 你打算在一天中的哪个时段完成任务？
- 你需要休息吗？如果需要，你计划在什么时候休息？休息多长时间？

第三步：确定任务的优先级

无论是完成项目还是安排日常作业，确定好完成任务的优先级都会很有帮助。对于一个项目来说，这通常意味着制订一个时间表，上面标注自我设定的短期截止日期。对于日常家庭作业来说，这更多地涉及一个日常的决策过程：明确家庭作业的要求，然后根据难度、是否需要寻求帮助等可能的因素，来确定任务完成的先后顺序。当学生讨论如何确定任务的优先级时，如有需要，可以使用下列提示。

- 你有什么家庭作业？是否一些是长期作业，另一些是短期作业？是否有些作业会比其他作业更重要或更紧急？
- 你预计完成这些作业需要多长时间？
- 除了作业，你是否还有其他的计划——当天或本周要做的其他事项？
- 你打算什么时候开始做家庭作业？

- 你需要帮助吗？如果需要，你将如何获得帮助？
- 你将在什么时候完成家庭作业？
- 你将如何监控自己的进度，确保自己按计划完成作业？如果落后于计划，你会怎么做？
- 你将如何确保把完成的家庭作业按时交给你的老师？

第四步：编写计划

在集思广益、探讨各种可能选项之后，鼓励学生编写他们自己的自我调节计划。附录 D 提供了一个示例模板，可以引导学生制订计划。然而，随着学生越来越精通自我调节，教师可以鼓励学生设计他们自己的模板或计划流程。

使用图 2.2 中列出的提示，让学生结对，相互提供反馈，以进一步扩展他们的计划。每份计划对于该学生而言都应当是独特的，并能够促进他们的成功。

在给每份计划提供反馈时，请指出至少两个好的方面以及一个可能需要学生考虑改进其计划的方面。你可以将这些计划或者活动 24 的计划纳入第三至五章中，作为有关自我调节其他要素（监控、调整和反思）的应用活动。

教师的话

周一，每个学生都制订了一个详细的本周计划。周二，他们会查看自己的计划，检查进度，并查看所有已公布的成绩。周三，他们会再次查看自己的计划，并自我反思："这个计划有效吗？我现在的进展如何？"周四，他们会重新评估是否有必要在周四和周五做出调整或采取新的方法。到了周五，他们对这一周进行反思，问自己："哪些方面进展顺利？哪些方面进展不顺利？我取得了哪些进步？"让我感到惊喜而又欣慰的是，学生开始真正改变他们在课堂上的表现。有其他教师来向我反馈说："嘿，我不知道你是怎么教这些孩子的，他们现在都很专心听讲，和以前完全不一样了。"这些孩子不仅在行为上有所改善，学业表现也有所进步，他们开始主动为自己的学习成果负责。我为他们在这个年龄就能做到这一点感到特别激动，因为这无疑会对他们的将来产生深远的影响。

——海迪（Heidi），六年级教师

本章小结

通过这些引导性活动，学生可以了解制订详细计划的重要性，并试着为各种目标制订自我调节计划。章末的教学规划工具可以为你制订教学计划提供指导。在接下来的章节中，学生将通过学习监控、调整和反思自己的努力，继续为个人目标或学业成功制订计划。学生通过学习制订计划，可以增强对自身成功的自主意识，从而提高学习动力和参与程度。

为了引起学生的共鸣，你可以选择编写小故事或调整活动。接下来，要考虑如何给学生提供持续的实践与反馈。选择适当的教学活动，以帮助学生实现起始教学、引导式合作学习和反馈式自主实践的学习目标。

教学规划工具

<table>
<tr><td colspan="2">起始教学：学生能区分目标和计划的差异，并讲述自我调节计划对其生活各个方面的好处</td></tr>
<tr><td>教学活动</td><td>笔记与调整</td></tr>
<tr><td>活动 14：我们为什么要计划？
活动 15：制订情绪调节计划
活动 16：反思我的学业计划
活动 17：计划的共同要素
活动 18：检查理解情况</td><td></td></tr>
<tr><td colspan="2">引导式合作学习：学生能够明确针对具体情境的高质量自我调节计划所涉及的行为、过程和时间安排</td></tr>
<tr><td>教学活动</td><td>笔记与调整</td></tr>
<tr><td>活动 19：阿娃需要更多的精力——制订健康饮食计划
活动 20：安东尼想存钱——制订存钱计划
活动 21：奥利维娅需要一个家庭作业计划——制订学业成功计划
活动 22：利维对公共演讲的焦虑——调节生理反应的策略
活动 23：情景判断测验</td><td></td></tr>
<tr><td colspan="2">反馈式自主实践：学生能确定他们想要实现的特定目标，并为实现目标制订个性化、详细的自我调节计划</td></tr>
<tr><td>教学活动</td><td>笔记与调整</td></tr>
<tr><td>活动 24：研制自我调节计划
活动 25：为成功完成作业或项目制订计划</td><td></td></tr>
<tr><td colspan="2">你将如何针对每个学习目标提供持续的实践</td></tr>
<tr><td colspan="2">你将在何时以及如何向每个学生提供反馈</td></tr>
</table>

第三章 CHAPTER3 监控计划与进展

自我调节的核心要素之一是监控，它要求学生持续关注自己在实现目标上的进展情况。在创建计划后，为了有效地进行自我调节，我们必须监控自己的行动（即是否按预期执行计划）和目标的达成情况。通过这种方式，我们就得以持续地评估自身表现，增强自我意识，并更深入地了解自身的优势、需要改进的地方、偏好与兴趣。例如，如果你设计了一个健身计划以增强体质，那么你将会监控自己的行动（如为增强体质所做的锻炼行为）和进展（身体是否变得更强壮）。自我监控在许多领域都得到了广泛研究。古兹曼、戈德伯格和斯旺森（Guzman，Goldberg & Swanson，2018）进行的一项元分析发现，自我监控对中小学生的阅读表现有显著的正效应。汉萨迪（Ghanizadeh，2017）针对大学生的研究表明，自我监控与批判性思维呈正相关。蒋、卡梅伦（Jiang & Cameron，2020）在医学领域的相关研究也已表明，自我监控是慢性病管理的关键因素。监控是一种自我评价技能，有助于我们树立自我意识，并促使人们持续关注能够带来成功结果的行为。

学生的话

我过去认为监控只是从清单上勾去一些东西，但现在我明白了，监控的意义远不止此。

——一个七年级学生

让我们思考一下学生的行为。那些成功的学生通常会做些什么？他们往往会在课上认真做笔记，利用指定的上课时间做家庭作业，遇到困惑时勇于提问，按时完成并上交作业，做好课前准备并在课堂上积极参与，与其他学生合作学习。这些熟练的学习者会持续地监控自己的学习行为以及在掌握概念方面的进展情况。通过监控，我们可以增强自我意识，制订好计划，并在必要时调整我们的学习行为。

现在让我们回顾库珀老师给新生上的语言艺术课。

库珀老师的研究项目

学生正忙于撰写他们的研究论文，而第一个短期截止日已然临近。库珀老师深知，这是帮助学生监控自身进展，以及监控对取得进展有帮助的具体行动的关键时刻。

库珀老师曾考虑制作一份工作表，其中包含下列问题。

- 我今天是否按计划完成任务？
- 我的工作质量如何？
- 我的自我调节计划有效吗？
- 为了让研究和写作始终在正轨上，我是否需要做出调整？

但她认为，如果要让学生开展自我监控并从中受益，就不能采用这种固定的监控表格，而是应该让他们自己确定提示语，以引导自己的监控行为。于是，她问全班同学："我们需要监控什么？"学生迅速回答，他们需要监控自己是否按时完成了第一个任务。库珀老师表示赞同，并将这一点写到了黑板上。接着，她继续追问："还有呢？"过了一会儿，学生开始给出自己的想法，库珀老师把这些想法一一记录到黑板上。她提醒学生，除了监控目标进展，还需要监控有助于成功的行动。学生与邻座同伴一起讨论，努力想出他们可以监控的行动。然后，他们在全班互相分享想法，开展交流。现在，黑板上列出了一长串需要监控的内容，包括工作完成的时间和地点，投入项目的时间以及诸如查找研究文章、详细记录资料来源、确保大纲足够具体等各种挑战。

然后，她问学生："如果这是我们需要监控的，我们该怎么做呢?" 一些学生表示，库珀老师应该给他们一张表格，让他们在每个截止日期填写。库珀老师笑了，因为她最初也是这么打算的。随后，其他学生补充一些想法，比如随身携带一份检查表，每天用来确保自己按计划行动（例如，每天在项目上工作一小时）；或者制作一个电子表格来跟踪自己的进展。另一组学生建议使用学年初发给他们的计划本，在计划本的每个日期上记录自己的进展；或者使用手机日历进行监控，给每个截止日期创建条目，添加事件详情，以记录哪些工作有效或需要调整。

现在，库珀老师感到有点紧张。学生提出了很多好主意。她是否要让他们选一个方法，以便自己更容易追踪？她想了想自己是如何监控自身行动的，比如给家庭作业打分，确保每天喝足够的水，或者在合理的时间内就寝。她意识到自己使用了多种监控方法，并且不想被单一要求所限制。因此，库珀老师决定让学生自行选择方法，但他们必须与其他选择相同方法的学生合作，确定监控内容、监控时间和记录方式。30分钟后，各组学生都准备好与其他同学分享他们的监控计划。

库珀老师记录每个学生选择的监控方法，并决定在短期截止日期当天提供课堂时间，让各小组同学一起分析彼此的监控行为。她还计划利用课余时间与学生进行个别交谈，把学生召集到她的办公桌前，讨论他们的进展。库珀老师认为，学生提出的监控方法比她原本设想得更为详细。到目前为止，学生都很投入，并始终处在正轨上。

拉姆达斯、齐默尔曼和基桑塔斯（Ramdass & Zimmerman, 2011; Zimmerman & Kitsantas, 2014）已证明多种监控手段（如检查表、日志、学习日记、评分标准和进度图）是有效的。尽管策略可能会因个人偏好和任务的不同而有所差异，但定期监控确实有助于学生保持学习进度，深化学习效果。这些方法还能帮助学生发现他们的努力与期望结果之间的误解或差距（Frey et al., 2018）。本章的教学活动旨在提高学生监控自身进展和行动的能力，并帮助他们根据自己的个人偏好和预期结果确定有效的监控策略。到了自主实践阶段，学生将在他们的自我调节计划中通过融入个性化的方法来监控自身的进展和行动。

教师的话

他们在日历上安排日常活动，并为在特定日期前需要完成的活动数量设定了一些基准。我知道，这些步骤听起来可能非常简单，但令我感到惊奇的是，孩子们往往不知道如何通过一项计划，从大处着眼，然后将其分解成诸多小块……让孩子们参与，看看自己曾经完成了多少活动，真的很有帮助。我最初用的是一张图表，但很快就意识到每个人都想用自己的方式进行跟踪。有些人想把计划写在他们的计划表上，有些人想写在清单上，还有些人想写在便签上。其中也包含反思的部分，重点讨论“为什么”，比如“我为什么能始终处在正轨上？”或“我为什么会分心？”

——朱莉（Julie），学分补修指导教师

教学活动大纲

★**起始教学**：目标是让学生能够找到多种方法来监控自我调节过程中的进展和行动。

活动 26：你在监控什么？

活动 27：迈出小步骤，实现大目标

活动 28：监控情绪调节

活动29：监控行动和进展

活动30：探索监控方法

活动31：检查理解情况

★引导式合作学习：目标是让学生能够针对具体情景下的自我调节计划，确定监控行动和进展的方法。

活动32：集思广益，选择监控方法

活动33：运动员会监控什么？

活动34：安东尼在存钱吗？

活动35：监控奥利维娅的家庭作业计划

活动36：利维的焦虑在减轻吗？

活动37：情景判断测验

★反馈式自主实践：目标是让学生为他们的事务设计有效的监控方法。

活动38：监控你的短期计划

活动39：监控你的努力情况与学习进展

活动40：监控你的家庭作业完成情况

起始教学

通过这些活动，学生能够掌握关键概念，将所学内容与生活实际相结合，构建共享的词汇系统。你的目标是帮助学生找到多种方法，以便在自我调节的过程中有效地监控进展和行动。

活动26：你在监控什么？

提醒学生，自我调节的第二大要素是监控。他们可以在自我调节海报（图1.2）上查看这些要素。运用“思考—结对—分享”的方法，邀请学生为“监控”一词下定义。在学生分享完他们的定义之后，可以给出下列定义。

监控：在一段时间内观察并检查某事的进展或质量；进行持续、系统的审查。

随后，可以讨论学生的定义和上述定义之间的异同。学生的定义很可能包括了上述定义的部分内容（比如观察或检查），但他们可能没有意识到监控是一种持续的或频繁的行为，并且通常是事先计划好的。

接着，让学生以全班为单位，共同列出一份他们目前监控的事项清单（如成绩、家庭作业上交情况、项目完成情况、运动表现、掌握音乐作品的进展、存钱以及技能提升等）。如果学生已经完成了活动 3，可以向他们展示这份自我调节的示例清单，并提示学生在每个示例后添加监控的方法，记下这些方法，以备后续活动参考。

活动 27：迈出小步骤，实现大目标

出示坦桑尼亚谚语："一点一滴，积少成多。"（Little by little，a little becomes a lot.）以小组内或全班为单位，讨论以下两个提示。

- 这句谚语是什么意思？
- 它与自我调节和实现目标的进展有什么关系？

需要强调的是，取得进展需要完成很多小步骤。在监控过程中，重要的是要跟踪这些导向目标实现的小步骤。这有助于保持我们的进展，让我们不至于在未能立即实现目标时变得气馁。提示学生分组讨论某件他们曾经不擅长，但通过持续努力成功扩展了技能的事情。这可能与学习一项运动或乐器、在学校学习一个概念以及学骑自行车或学开车等相关。向学生强调，持续的实践可以带来进步，并能在事实上强化我们大脑中的神经通路。

教师的话

我看到每个学生都取得了很大进步，且基本上无须我去牵着他们的手，教会他们唱歌的每一个步骤和每一个音符。看到独唱和合唱的学生们能够自己排练，并表现出主人翁精神，似乎能鼓励更多

参与大型合奏的学生前来做额外练习。

——柯蒂斯（Curtis），合唱团与乐队教师

活动28：监控情绪调节

在调节情绪反应时，我们经常会想到“如果……怎么办”，或者希望自己可以做出不同的反应。然而，只有当我们运用这种反思来更有效地监控情绪，并在未来有效地调整反应时，这才会有所帮助。请学生分组讨论如何监控情绪。你是如何察觉自己在感到焦虑或愤怒的？那是怎样的感觉？有哪些生理迹象？例如，心跳加速、感觉发热、双手或身体颤抖、下巴紧绷或肩膀紧张。

生气中往往隐藏着其他情绪。请学生回顾活动15（图2.1）中的情绪词轮，分组从外圈中选一个与生气有关的词（如尴尬、嫉妒、恼怒或怀疑），并讨论这种情绪和生气之间的异同。随后，让学生在大组中分享他们讨论中最精彩的部分。

向学生解释，在感到愤怒时可以使用放松的技巧，或者让自己远离某种情景，而不是去做或说一些以后会后悔的事情。集思广益，为监控情绪和使用放松技巧出谋划策，例如，使用日记、图表、日历或评分量表等方式。

教师的话

我的一个学生去年因为极度焦虑耽误了很多课程，他不知道在这种状况下如何自我调节，还担心作业到期无法提交。现在，在使用自我调节计划后的第一个季度，他没有落下一次作业。他仅因为生病而缺课一天，与去年相比进步巨大。因此，这对我来说是一个巨大的胜利。

——劳拉（Laura），特殊教育教师

活动 29：监控行动和进展

向学生解释，我们需要同时监控实现目标的进展和与计划有关的行动。假设我想提高英语成绩，如果我只监控自己的成绩（实现目标的进展），那么我就无法获得全面的信息来帮助自己做出有效的改变，从而实现我的目标。了解自己的成绩确实是其中的一部分，但它并不是需要我监控的唯一事项。我还需要监控影响自身成绩的具体因素。例如，我是否因为迟交作业而频繁失分？我是否因为没有按照要求完成作业，或不理解材料而丢分？我是否因为在课堂上讲话或迟到而被扣分？这些都是影响总体成绩的具体因素。如果我只关注成绩，而不去分析自己在这些方面的表现，那么我将很难发现问题所在并加以解决，也就不可能在提高成绩方面取得进展。

返回活动 26 中学生所监控的事项清单。让学生通过小组合作，将每个监控选项划到“监控目标进展”或“监控行动”中。有些监控选项或许无法明确归入某个单独的类别。表 3.1 展示了一些目标进展和具体行动相一致的示例。如果学生的列表以进展指标为主，那就鼓励他们集思广益，思考哪些具体行动可以支持他们的进展。

表 3.1　监控进展和行动的示例

监控目标进展：我是否有所改进	监控行动：为了实现目标，我开展了哪些行动
成绩	完成家庭作业后逐一核查
健康饮食	记录每天的食物
一英里①计时跑	完成日常锻炼
存下的金额	对所有支出进行分类

活动 30：探索监控方法

向学生解释，我们可以使用多种策略和工具（包括技术）来监

① 1 英里约为 1.61 千米。

控自己的行为、情绪、营养、健康习惯和工作效率等。将全班分成八个小组，给每个小组分配一个表3.2中的监控方法。要求每个小组至少举出一个例子，说明在何种情境下可以使用这个监控方法，并解释为什么这个监控方法可以帮助人们在实现目标上始终处于正轨。然后，让每个小组向全班同学汇报他们的讨论结果。

表3.2 监控方法

监控方法	说明	例子	它有效的原因
图表或计数	定期记录具体的信息，然后使用图表说明改进情况		
日记	每天写一篇简短的日记，记述迄今为止取得的进展、遇到的障碍、感受到的情绪以及重回正轨的具体行动		
评价标准	将你的工作与成功的标准进行比较，判断自己是否达到标准，并找出需要改进的具体方面		
待办事项清单或核对表	把较大的任务分解成若干小任务，以确保不会漏掉任何内容，并在完成每个小任务后进行核查		
时间表	从整体的截止日期向前推，为每一个小任务指定具体的截止日期，然后定期检查是否遵守小任务的截止日期		

（续表）

监控方法	说明	例子	它有效的原因
重复进行自我评分或自我评估	经常反思自己的工作、学习、情绪与反应，每隔一段时间给自己打分，然后查看这些评分，了解自己在这段时间内的进展情况		
视频或图片日志	用可视化的方式记录进展情况，以显示随着时间推移而取得的改进		
责任伙伴会议	请专人定期检查，看看你是否进展顺利，并讨论为达成目标你可能需要做出的调整		

教师的话

实际上，他们（学生）头脑中是有时间观念的。我听到他们在讨论中谈到了某些作业的截止日期。他们对最后的作业充满期待，并已经开始谈论他们的计划和即将到期的素描作业。他们相互解释，如果假期能在家完成计划，就会有更多的时间去做陶艺。目前来看，我对看到的一切都非常满意。

——潘希亚（Panthea），美术教师

活动 31：检查理解情况

使用答题卡或在线测验平台，收集每一个学生对表 3.3 中所示题目的回答。查看学生的回答，以确保他们理解“监控”这一概念。若有必要，请重新教学。（表 3.3 的答案：1.（1）监控行动；（2）监控目标进展；（3）监控行动。2. d。）

表 3.3　检查理解情况——监控进展或行动

题型	题目	答案
归类题	1. 你的目标是每晚睡 8 小时，请将以下监控方法归入监控目标进展类或监控行动类 (1) 用日历记下你就寝的时间 (2) 绘制你每晚的睡眠时数图 (3) 用日志记载你晚上的活动以及这些活动可能会对睡眠产生的影响	
单项选择题	2. 在以下方法中，你不会使用哪一项来监控自我调节 a. 图表：显示你随着时间推移所取得的进展情况 b. 日记：记录每天的进展，确定自己是否按原计划进行 c. 标准：将你的工作与标准相对照，查看是否符合标准 d. 比较：比较你和同伴在同一个项目或作业上的进展异同	

引导式合作学习

场景导学活动涵盖了青少年可能会遇到的一系列情况。通过这些合作学习活动，学生可以更深入地理解自我调节的概念。你的目标是让学生能够确定在特定情景下进行自我调节时用来监控行动和进展的策略与方法。

活动 32：集思广益，选择监控方法

让学生围绕表 3.4 中列出的目标集思广益，讨论监控目标进展的方法和影响进展的具体行动。如果学生已经在之前的活动中为其中一个目标提出了监控方法，则补充与学生有关的场景。然后，师生共同查看表格中的示例。

表 3.4 确定监控进展和行动的方法

自我调节目标	监控目标进展：我是否有所改进	监控行动：为了实现目标，我开展了哪些行动
示例：按时上学 我的计划包括每晚在特定时间就寝，并多设置一个闹钟	用日历记录我按时到校的日子	• 在日历上记录就寝时间，并注明晚睡的原因 • 记录起床前闹钟响的次数 • 坚持每天写日记：我是否感觉休息得很充分，是否有影响我守时的事情（比如当天早上才收拾好上学用品） • 同时查看日记和日历，以确定对计划要做哪些改动
1. 两个月内跑完 5 千米 我的计划包括获得足够的营养，每天跑步，并为每周设定距离和时间目标		
2. 提高我对数学概念的掌握程度 我的计划包括每晚多学习 30 分钟，并在测验中取得好成绩		

（续表）

自我调节目标	监控目标进展：我是否有所改进	监控行动：为了实现目标，我开展了哪些行动
3. 用放松策略来减轻考前焦虑 我的计划包括尝试不同的方法，以确定哪个最有效		
4. 提高100米蛙泳的速度 我的计划包括每天游泳和举重		
5. 写一篇高质量的研究论文 我的计划包括找到10个资料来源，列出每个段落的大纲，并查看评分标准		

学生的话

对于大型项目，我会使用一览表来跟踪任务的完成情况。通过一览表的数据来计算百分比，我可以用数字的形式直观地显示我的进度。

——一个十二年级学生

活动33：运动员会监控什么？

让学生以小组为单位，选择一名运动员，为其创建一个列表，在上面列出这名运动员可能会监控的健身行动和进展指标。许多著名运动员经常会接受有关健身和饮食习惯的采访，因此通常可以在网上轻松找到相关信息。建议各小组创建一个两栏图表，分别列出运动员可能监控的进展指标和相对应的行动。以一名篮球运动员为例，学生可以在进展栏中记录他的罚球命中率，在行动栏中则可以注明“每天做30分钟的罚球练习”。再比如，在进展栏中记录他在跳跃高度上的进展，同时在行动栏中注明他在日常训练中所完成的力量弹跳的重复次数。最后，让每个小组与其他同学分享他们的有趣发现。

活动34：安东尼在存钱吗？

让我们回到安东尼想存钱的场景（活动20）。如果你没有使用过以前的活动也不用担心，以下场景提供了开展此活动所需的全部信息。该场景可从附录C中复制获取。

场 景

安东尼想存钱买一台游戏机。他目前有一份兼职工作，每周收入大约80美元。然而，他通常会把所有的钱都花在和朋友外出就餐上。因此，安东尼意识到自己需要运用自我调节来存钱买游戏机。

全班共同讨论以下问题，集思广益，给出监控建议。

- 安东尼应该监控哪些方面？
- 他可以采用哪些方式来监控自己的进展和行动？
- 安东尼需要多久进行一次监控？

例如，安东尼可以监控他的储蓄金额（进展），同时对他花掉的钱进行分类，判断购买行为是否必要或者将来是否可以避免（行动）。他还可以关注与朋友们出去玩但不需要花钱的活动（行动）。安东尼甚至可以留意外出就餐时选购的食物，以确定价格最实惠的选择（行动）。

讨论结束时，让学生将自己采用的存钱措施与安东尼的方法进行比较。提醒学生，我们的监控方法会因为个人目标和所面临的个人挑战而有所不同。尽管安东尼在食品消费上面临挑战，但我们每个人在存钱方面都可能会遇到不同的问题，因此我们监控的事项和方式也会有所区别。

活动35：监控奥利维娅的家庭作业计划

先给学生几分钟时间，查看他们为帮助奥利维娅完成家庭作业所制订的计划（活动21），或使用同一活动中提供的计划示例。然后出示以下场景，该场景可从附录C中复制获取。

场 景

奥利维娅使用自我调节计划来完成家庭作业已经有两周的时间了。在此期间，她进行了一些自我监控。她会勾选按时提交的作业，并根据这份清单来计算自己按时提交作业的百分比——现在，她完成作业的准时率已经达到了80%，而在使用该计划之前，这一比例仅为50%。通过对比她最初的准时率和现在的准时率，奥利维娅可以清晰地看到自己的进步，但她仍希望能有进一步的提高。然而，她并不清楚自己在哪个环节偏离了正轨，因此她希望你能帮她找出问题所在。你知道，要做到这一点，奥利维娅就不能只关注自己按时完成作业的百分比，还需要监控自己的具体行动。于是，你决定帮助她集思广益，探讨如何扩大她的监控范围。

在给学生时间阅读上述场景后，让他们分组进行讨论，思考并提出为完成家庭作业所需监控的具体事项，同时确定每件事的监控频率。在必要时，可以使用以下导引问题，以帮助学生明确监控的内容和方式。

- 是否准确、详细地记录了作业内容？
- 是否从学校收集并带回了所有必要的材料？
- 是否在特定的时间开始做家庭作业？
- 是否有效管理了放学后的时间？
- 开始做家庭作业时，是否拿出了需要的学习用品？
- 是否有效地处理了干扰因素？
- 遇到不理解的问题时，是否会寻求帮助或查阅资料？
- 是否检查了家庭作业的准确性？
- 是否完成了家庭作业？
- 完成家庭作业后，是否将作业放入背包，并确保按时上交？

鼓励各小组分享他们的监控实例。在讨论结束时，提醒学生注意，虽然监控实现目标的进展是监控过程的一部分，但它并非唯一的部分。我们还需要养成定期监控自身行动的习惯，因为如果我们不了解自身的行动，那么当遇到问题或进展不如预期时，我们就不一定能知道是计划的哪个部分阻碍了我们。

教师的话

当学生每节课都监控自己的进展，而不是将本书的每一章都看作一个庞大且复杂的东西时，他们似乎就不会感到那么不知所措了。他们能够制订具体的计划，从而在截止日期前保持主动，而不是被动应对。我认为，这有助于提高学生的信心和组织能力。

——贾罗德（Jarrod），数学教师

活动 36：利维的焦虑在减轻吗？

出示以下场景和表 3.5，引导学生一起讨论如何监控利维的公共演讲计划。这个场景在活动 22 和活动 59 中也有所提及，并可从附录 C 中复制获取。全班同学共同参与，确定利维可以监控的各个方面。在学生分享他们的想法时，把它们记录下来。这些想法应当体现以下几点：利维是否在按计划完成每一步，利维觉得演讲准备得如何，利维感受到的情绪，自我放松技巧是否有效。然后，让学生以小组为单位，集思广益，讨论利维应采取的监控方法和监控频率。

场景

你的朋友利维正在参加一门公共演讲课程。他深知在自己未来的职业生涯中需要在公共场合发表演讲。然而，他面临着一个问题：每当在众人面前演讲时，他都会感到极度焦虑。这种焦虑导致他手心出汗、口干舌燥，进而使得他的演讲语速过快、缺乏情感。请帮助利维制订一个计划，以减轻演讲时的焦虑，并更有效地传达他的想法。

表 3.5　利维的公共演讲计划

时间节点	计划内容
演讲前 7 天	• 完成演讲稿的撰写
演讲前 6 天	• 默读演讲稿 4 次 • 大声朗读演讲稿 2 次，每次朗读前做 3 次深呼吸
演讲前 5 天	• 大声朗读演讲稿 2 次，每次朗读前深呼吸 3 次 • 撰写演讲时的要点说明 • 练习演讲稿的前半部分，练习时只看要点说明 • 想象同学们在听演讲时面带微笑的场景
演讲前 4 天	• 练习演讲稿的前半部分，练习时只看要点说明；需要时可以看演讲稿全文；每次练习前做 3 次深呼吸 • 大声朗读演讲稿的后半部分 2 次 • 练习演讲稿的后半部分，练习时只看要点说明 • 继续想象同学们在听演讲时面带微笑的场景

（续表）

时间节点	计划内容
演讲前 3 天	• 练习整个演讲时，只看要点说明，并一直练习到自信为止，重点做到口齿清晰、语速缓慢 • 录制整个演讲，然后观看视频，找出需要更多练习的地方 • 反思演讲的熟练度。用积极的自我对话（如："我已经做好了演讲准备。我能做到！"）来增强信心 • 给家庭成员做演讲，并征求他们对语气和节奏的意见 • 利用反馈信息，将整个演讲再练习几次，每次练习前深呼吸
演讲前 2 天	• 再次录制整个演讲，然后观看视频，确定需要更多练习的地方 • 大声练习演讲，想象将要观看的同学 • 在关键的节点停下来，并重复心理提示，要放慢速度、说话清晰 • 给家人或朋友做演讲
演讲前 1 天	• 深呼吸，然后练习演讲，想象将要观看的同学的反应和表情 • 在关键节点停下来，重复心理提示，要放慢速度、讲话清晰 • 重复口号："我已经做好了演讲准备。我能做到！"
演讲当天	• 在上台前最后一次练习演讲 • 如果可能的话，主动选择早些上台 • 演讲前做 3 次深呼吸，然后想："我已经做好了演讲准备。我能做到！" • 说话时要缓慢而清晰；如果感觉比较轻松，可以做眼神交流；如果感到紧张，可以稍稍从观众的头顶看过去 • 在关键节点停下来深呼吸，并重复心理提示，要缓慢、清晰地讲话 • 完成演讲后，及时反思自己的努力情况和好的结果

先让每个学生与另一个不在自己小组的学生结对。每个学生应当分享三种监控方法供利维采用。分享完毕后，交换搭档，再重复进行两次分享。然后，让学生回到各自的小组，交流他们听到的其他监控方法。

活动 37：情景判断测验

让学生自主阅读下述场景并回答。下述场景会在后续章节中持续出现并有相应扩展，学生需要在先前答案的基础上回答相关问题。附录 A 提供了一份包含所有情景判断测验的可复制表单。

场 景

健康课上，亚历克斯和他的同学们了解到每天适量喝水的好处。亚历克斯认为他没有喝足够的水。

确定亚历克斯每天将在何时以及如何监控自己的进展和行动。

查看每个学生的答案，确定他们的监控方法是否包含“进展”（喝水量）和较多的“行动”（比如带水到学校、在全天的关键节点喝水等）。

反馈式自主实践

通过自主实践，学生能够将所学知识应用到自己的工作中。这不仅可以提高技能掌握的熟练度，而且可以为形成性反馈和指导提供机会。你的目标是让学生为他们的事务设计有效的监控方法。

活动 38：监控你的短期计划

要求学生独自回顾他们在活动 24 或活动 25 中制订的计划，并撰写一个简要的计划总结。在总结中，他们需要说明迄今为止自己一直在监控的事项（如果有的话）以及在学习了更多关于监控的知识后产生的新想法。与此同时，请务必提醒学生，监控既要关注进展，也要关注促成进展的具体行动。参看表 3.2，引导学生确定他们采用了哪些监控方法，如图表或计数、日记、评价标准、待办事项清单或核对表、时间表、重复进行自我评分或自我评估、视频或图片日志以及责任伙伴会议等。

接下来让学生与同伴合作，回顾监控进展和行动的想法并提供双向反馈。在相互提供反馈时，学生可以思考图 3.1 中所列的问题。鼓励学生记下同伴的建议，并据此调整并完善自己的监控方法。

1. 你是否在监控实现目标的进展？
2. 你是否在监控那些影响进展的具体行动？
3. 你使用了哪些监控方法？你将如何补充其他的监控方法？

——图表或计数：定期记录具体信息，并通过图表直观展示改进情况。

——日记：每天写一篇简短的日记，记录迄今为止取得的进展、遇到的障碍、情绪体验以及为重回正轨所采取的具体行动。

——评价标准：将工作成果与预设的成功标准进行对比，明确达标情况和需要改进的方面。

——待办事项清单或核对表：将较大的任务分解为多个小任务，确保不会漏掉任何内容，并在完成一项后就勾掉一项。

——时间表：从最终截止日期逆推，为每个小任务设定截止日期，并定期检查进度。

——重复进行自我评分或自我评估：定期反思工作、学习、情绪和反应，并给自己打分，以追踪一段时间内的进步。

——视频或图片日志：以可视化形式记录进展，以展示随着时间推移取得的进步。

——责任伙伴会议：请专人定期检查，看看是否进展顺利，并讨论为了实现目标你可能需要做出的调整。

4. 你打算何时进行监控？如何有效地将信息记录下来供日后查看？

图 3.1　用于监控的反馈提示

最终，每个学生需要敲定并提交一份个人的监控方法表。在收完所有学生的表格后，教师给每个学生提供反馈，肯定他们的优点并给出具体的改进建议，通过这样的方式，鼓励学生积极运用他们的监控方法。在下一章中，学生将学习如何根据他们的监控数据来调整和优化自己的计划。

活动 39：监控你的努力情况与学习进展

向学生出示表 3.7，并解释这个表格的用途是帮助他们监控自己的行动和学习进展。让学生阅读表格中的内容，引导他们理解哪一列用于监控学习任务的进展（即“学习”列），哪一列用于监控他们的学习行动（即“努力”列）。

表3.7 努力与学习表

努力	程度	学习
我非常努力，并保持着成长型思维（growth mindset）。我的努力有助于我的学习	5	我对这个概念非常了解，并可以向别人解释
我非常努力，并保持着成长型思维，但有时会分心。我会努力保持专注	4	我可以得出正确答案，但我对这个概念仍不够了解，还无法向别人解释
即使遇到挫折，我也努力尝试过了，但还有更多我能做的事。我会努力保持成长型思维，一心一意	3	我理解了这个概念的大部分意思，但是还有更多的东西要学
我努力过了，但很快变得沮丧并就此放弃。我会把错误当作学习的一部分，从中吸取教训	2	我理解了这个概念的一部分意思，但是还有很多东西要学
我之前没有真正努力去学习，现在我将付出更多的努力	1	我还不太理解这个概念
具有挑战性的学习任务：______ （1=低水平努力与学习；5=高水平努力与学习）		

让学生独立思考一个他们刚刚接触的具有挑战性的任务或概念（最好与你的课程内容相关）。鼓励学生在表3.7的末行中填入他们所选的学习任务，接着让学生判断哪些句子与他们迄今为止在该任务上所付出的努力及学习更为契合，并在相应的句子下画条线。随后，全班一起讨论以下问题。

- 努力和学习之间的关系是什么？
- 你是否非常努力，但在学习成果上仍然不尽如人意？
- 如果在学习上表现出色，你是否仍需要付出大量的努力？

在讨论结束时，向学生解释努力和学习是相辅相成的，但它们并非同一概念。有时，我们必须付出很大的努力，才能在学习中取得进步；而在其他情况下，我们可能根本不需要付出同等程度的努力。

询问学生，他们将如何运用表 3.7 来监控自己的学习行动与学习进展。教师可以在多种场合反复提醒学生，在掌握新概念或技能的时候，他们可以使用这个表格来评估自己的努力和学习情况，从而扩展这一活动。在考试或测验之前，让学生回顾他们的努力和学习情况，并思考这两者之间的关系。

教师的话

我们必须明确区分行动与进展的不同之处。很多时候，我教导的孩子们无法辨识二者之间的区别。因此，我将“努力和学习表”作为一种方法，帮助学生在干预期间监控自己的日常进展。此外，我还让他们标注出在干预期间他们的情绪和精力水平处于何种状态。

——简（Jane），特殊教育教师

活动 40：监控你的家庭作业完成情况

向学生出示表 3.8 中的家庭作业日志，鼓励他们在接下来的一周内使用这个日志来记录并监控自己的家庭作业完成情况。提醒学生，虽然这个工具是一个很好的起点，但他们的监控范围不应仅限于此。他们还应当监控学习空间是否有效以及如何应对干扰等事项。换言之，这个工具有助于他们入门，并使监控成为他们日常生活的一部分。

在学生使用日志一周后，组织学生对结果进行讨论。他们注意到了什么？日志对他们完成作业有什么帮助？是否存在一些具有挑战性的方面，例如，忘记使用日志或难以估计完成家庭作业所需的时间？教师可以鼓励学生修改日志项目和格式，以更好地满足需求，然后继续使用日志进行监控，从而拓展这项教学活动。

学生的话

我是那种凡事都要拖到最后一刻才完成的人。现在我很少会这么做……我发现，这周我不仅完成了这门课的作业，还完成了微积分预备课程的作业。当制订计划并把它写在纸上时，我就会开始监控自己的作业。由此，我掌控了自己的作业，并能按时完成所有事情。

——一个十一年级学生

表 3.8　家庭作业日志

制订计划	课程和作业			
	我的材料是否齐全			
	预计难度（1＝容易；5＝难），我是否需要帮助			
	我需要把作业分解成小部分吗？如果需要，另添一列			
	预计完成作业所需要的时间			
监控行动	实际完成时间			
	实际难度（1＝容易；5＝难）			
	努力程度（1＝小；5＝大）			
监控进展	预期成绩			
	实际成绩			

本章小结

这些教学活动有助于学生掌握监控的方法，理解监控行动和目标进展的意图。章末的教学规划工具可以为你制订教学计划提供指导。通过持续实践（包括提示与反馈），学生的监控技能将不断提升。通过监控，学生能够将自己的行动与预期结果联系起来，并有意识地记录自己的成长，从而提升自我效能感。

为了引起学生的共鸣，你可以选择编写小故事或调整活动。接下来，要考虑如何给学生提供持续的实践与反馈。选择适当的教学活动，帮助学生实现起始教学、引导式合作学习和反馈式自主实践的学习目标。

教学规划工具

起始教学：学生能找到多种方法，以便在自我调节的过程中有效地监控进展和行动	
教学活动	笔记与调整
活动 26：你在监控什么？ 活动 27：迈出小步骤，实现大目标 活动 28：监控情绪调节 活动 29：监控行动和进展 活动 30：探索监控方法 活动 31：检查理解情况	
引导式合作学习：学生能够确定在特定情景下进行自我调节时用来监控行动和进展的策略与方法	
教学活动	笔记与调整
活动 32：集思广益，选择监控办法 活动 33：运动员会监控什么？ 活动 34：安东尼在存钱吗？ 活动 35：监控奥利维娅的家庭作业计划 活动 36：利维的焦虑在减轻吗？ 活动 37：情景判断测验	
反馈式自主实践：学生能为自身事务设计有效的监控方法	
教学活动	笔记与调整
活动 38：监控你的短期计划 活动 39：监控你的努力情况与学习进展 活动 40：监控你的家庭作业完成情况	
你将如何针对每个学习目标提供持续实践	
你将在何时以及如何向每个学生提供反馈	

第四章 CHAPTER4 调整计划

在实现目标的过程中，我们经常会遇到各种障碍。当事情没有按计划进行时，我们会进行中途修正。如果我们不知道如何应对干扰并克服障碍，这些困难就会让我们的努力陷入停滞。因此，在自我调节过程中，个体既要仔细思考并选择能够帮助自己最有效地实现目标的策略，还要保持一定的现实性，考虑时间、注意力和精力等方面的限制。为了处理干扰和克服障碍，我们可以采取以下有效手段：如达克沃思等人（Duckworth et al.，2016）所提出的消除眼前的诱惑；如戈尔维策等人（Gollwitzer et al.，2011）所提出的将个体选择与每个选择的结果做心理对比；如戈尔维策、古德贾恩等人（Gollwitzer，1999；Guderjahn et al.，2013）所提出的通过编写“如果X，那么Y”计划来确定实施意图，主动列出在遇到特定障碍时应该采取的行动。在自我调节计划的整个实施过程中，我们都需要不断地做出调整。尽管有些调整可能是出乎意料的，但只要我们认真考虑潜在的障碍和相应的纠正措施，往往可以提前明确这些调整。

教师的话

我不仅看到学生的参与度有所提高，还注意到学生都很认真地对待这件事，他们更加清楚地认识到自己是谁以及自己能够完成什么事，无论大事还是小事。

——汉娜，语言艺术教师

在监控并意识到偏离正轨后，我们会做出调整，但仅凭监控，我们无法得知应该做出哪些具体的调整。例如，如果一个学生在监控他的成绩时，注意到自己有很多作业没有完成，那么他就已经对问题有了更清晰的认识，但他可能不知道如何解决这个问题。这时，他需要反思自己的行为，并可能需要集思广益，探讨如何调整家庭作业计划，以确保不仅能补上缺交的作业，还能及时完成新的作业。虽然直接告诉学生如何取得成功极具诱惑力，但更有益的做法是与学生合作，通过提出问题的方式来培养他们的能力。这些问题最好能促进问题的解决，并增加他们进行有意义调整的可能性。

现在，让我们回到库珀老师的课堂和研究项目的进展上来。

库珀老师的研究项目

到目前为止，研究项目一切进展顺利。学生以小组为单位，与其他使用相同监控方法的学生进行交流。在这些小组中，库珀老师听到学生谈论给他们带来挑战与干扰的问题，并一起集思广益，讨论如何解决这些问题。她鼓励学生记下他们将要做出的调整。

学生一直在谈论他们在科学课上所做的有趣实验，这启发了库珀老师开始思考做实验与调整自我调节计划之间的相似之处。她问学生是否看到了两者之间的共同之处。学生提到了一些共同点，包括尝试不同的手段、判断策略的有效性、确定最佳行动方案以及完善他们的计划。然后，她给学生展示了托马斯·爱迪生（Thomas Edison）的名言："我没有失败，我只是发现了一万种行不通的方法。"（I have not failed. I have just found 10 000 ways that won't work.）他们一起讨论了调整自我调节计划和做实验的相似之处——两者都需要一定程度的试错，也需要从过去的尝试中学习，从而使每次尝试的成功率更高。

在学生自主撰写研究论文期间，库珀老师会与每个学生进行五分钟的谈话。每次谈话开始时，她只会说："请告诉我你的进展情况。"库珀老师对这个提示所能引出的详细反馈感到惊奇。学生向她展示了他们的自我调节计划，其中许多任务已经被勾掉，修改方案也已经被列出，并且下一步的行动方案也得到了重点强调。他们还谈了自己所做的调整，比如每周增加几个晚上来投入更多时间进行研究，或者把全部研究都记到一个笔记本上，这样容易在背包里携带。然后，库珀老师会问："你还遇到了哪些挑战？"她会记下学生遇到的挑战，并与每个学生一起动脑筋，想出解决办法。

谈话结束后，库珀老师回顾了学生遇到的所有挑战，并确定了两个关联的主题：找到可靠的资料来源，并对其进行正确引用。她决定开展进一步的教学，引导学生围绕这两个主题进行讨论。

当学生根据监控数据调整自身行动时，他们可以更好地处理干扰、克服障碍，并掌控自己的学习进程。这种自我评价过程可以帮助学生弥补自身努力与期望结果之间的差距（Frey et al., 2018）。简而言之，当学生思考自己正在做什么以及进展如何时，他们就可以找到需要调整的方向，从而取得更大的成功。本章的教学活动旨在帮助学生提高预测障碍、分析选项以及制定行动方案的能力，使他们的注意力能集中在期望的结果上。

教学活动大纲

★**起始教学**：目标是让学生认识到，尽管每个人都会遇到障碍，但是通过调整自己的努力，人们是有可能克服这些障碍的。

活动41：反思过去的障碍

活动42：名人谈如何克服障碍

活动 43：你的手机是工具还是干扰？

活动 44：心理对比

活动 45：检查理解情况

★**引导式合作学习**：目标是让学生能够预测常见的障碍，针对具体情境确定调整措施。

活动 46：安东尼在存钱期间偏离正轨

活动 47：将障碍与策略联系起来

活动 48：编写“如果 X，那么 Y”语句

活动 49：做出适合你的选择

活动 50：情景判断测验

★**反馈式自主实践**：目标是让学生能评估他们的监控过程，判断自己是否偏离了原计划，找出任何阻碍他们前进的障碍，确定具体的行动和策略以重回正轨，并将这些新的行动纳入他们未来的监控过程中。

活动 51：解决自我调节过程中的干扰因素

活动 52：学业成功的备用计划

起始教学

通过这些活动，学生能够掌握关键概念，将所学内容与生活实际相结合，并构建共享的词汇系统。你的目标是让学生认识到，尽管每个人都会遇到障碍，但是通过调整自己的努力，他们是有可能克服这些障碍的。

活动 41：反思过去的障碍

向学生解释自我调节的第三个要素：当事情没有按计划进行时，需要根据实际情况进行调整。每个人都会遇到障碍和挫折，与其感到气馁并放弃，不如利用这些挫折来提高我们今后的自我调节能力。提醒学生，自我调节的“自我”意味着需要自主调节自己的行为，

重点在于掌握个人的努力和学习进程（而不是依靠父母、老师或朋友告诉你该怎么做）。简而言之，只有你自己才真正知道做什么对你最有利。其他人可以和你一起集思广益，但除非你自己是做出最终决定的人，否则这样的集思广益将毫无意义，更不会产生效果。

要承认，当事情没有按原计划进行时，我们有时会放弃或失败。其中一个原因是我们没有意识到自己在何处偏离了方向；即使我们意识到了，也可能仍然不知道该怎么做才能重回正轨。我们在监控方面所学的知识（第三章）可以帮助我们发现自己是如何偏离正轨的。接下来，我们必须确定计划失败的原因，从而找到解决这些问题的具体方法，并继续向着目标前进。向学生解释，如果事先考虑到可能阻碍我们前进的事情，那么我们从一开始就可以采取措施来避开这些障碍。

举一个生活中的实例——你曾经启动过一个计划，但计划被迫中断或没有完成。用下列问题解释你是如何调整计划的。

- 具体是什么原因让我的计划偏离了原定轨道？
- 我本可以采取哪些具体行动来重回正轨？
- 我本可以利用哪些资源（包括寻求他人的帮助）来帮助自己回到正轨？
- 在这个过程中，我本可以给予自己什么样的成果或奖励来支持自己的进展？

让学生回忆一下自己在实现目标之前就已经放弃的经历：你是否曾为了购买心仪的物品而努力存钱？你是否在被运动队淘汰后就放弃了某项运动？你是否曾认为自己不适合演奏乐器？你是否曾在生病后放弃了锻炼计划？你是否曾因为无法闯入下一关而退出游戏？你是否曾因为某一门荣誉课程①难度较大而选择了放弃？向学生强调，有时我们的目标或兴趣会发生变化，但更多的时候，我们放弃

① 荣誉课程（honors course），或译为优等生课程，是美国中学为激励更具有学习能力的学生而开设的课程，其难度大多介于核心课程和大学先修课程之间。

是因为任务比我们预期的要更具挑战性，或者当我们没有立即取得成功时会感到沮丧。

接下来，让学生想一想自己曾经成功克服挑战的经历。让学生两人一组，一起讨论下列三个问题：

- 你必须克服哪些障碍？
- 你是如何鼓励自己坚持下去的？
- 你是如何调整自己的方法以取得成功的？

邀请一些学生自愿与其他同学分享他们的经历。向学生强调，我们所有人都会遇到障碍，有时甚至会放弃自己的计划，但是通过集中精力并调整自己的计划，我们可以克服障碍，继续前进。

活动 42：名人谈如何克服障碍

将学生分成六组，并从以下关于克服障碍的名人名言中，给每组分配一句（你也可以补充其他名言或与学生有关的歌词）。每个小组需要讨论名人名言的含义及其与自我调节的关系，然后向全班汇报他们小组的讨论结果。

- 真正的荣耀是被击倒在地，然后奋起直追。

——文斯·隆巴尔迪（Vince Lombardi）

- 你可能会遭遇很多失败，但你绝不能被打败。事实上，遭遇失败可能是必要的，这样你才能知道自己是谁，你可以从哪里崛起，你如何才能从失败中走出来。

——玛亚·安吉卢（Maya Angelou）

- 并不是我很聪明，而只是我和问题相处得比较久一点。

——阿尔伯特·爱因斯坦（Albert Einstein）

- 失败并非总是错误的。它可能是我们在当时所能做的最好选择。真正的错误是停止尝试。

——B. F. 斯金纳（B. F. Skinner）

- 障碍不一定会阻止你。如果你撞到墙上，不要转身放弃；想办法爬上去，穿过或绕过它。

——迈克尔·乔丹（Michael Jordan）

- 英雄是一个平常人，即便他面临巨大的困难，仍能找到坚持和忍耐的力量。

——克里斯托弗·里夫（Christopher Reeve）

在结束讨论时，告诉学生，当我们在各个方面进行自我调节时，保持进步有时是非常具有挑战性的。提醒他们，自我调节还包括培养自我效能感（即相信自己有能力完成具有挑战性的任务），增强毅力（不畏挫折、持续努力以实现目标的动力），提高适应能力和问题解决能力。有一种常见的误解：实现大目标的人在前进的道路上不会遇到障碍。事实恰恰相反，他们经常会遇到障碍，但他们会借助策略进行反思、修正、重回正轨，并继续取得进步。简言之，我们终将面临障碍和挫折，但我们不必因此而止步；相反，我们可以根据需要进行调整，并坚持前进。

学生的话

被击倒后重新站起来，就如同调整自己的计划。在此过程中，你用一种新的策略重新站起来，并再次尝试。

——一个十二年级学生

活动43：你的手机是工具还是干扰？

我们一致认为，对于成年人和青少年来说，智能手机和类似设备既可能是高效的工具，也可能成为无用的干扰。在开始讨论时，可以询问学生对于别人使用手机感到不满的情况。他们可能会说，父母因为看手机而不听他们说话，队友们因为玩手机而不全力以赴，朋友们因为看手机而不一起参与有趣的活动，以及人们在走廊上走路的时候看手机而不注意周围的人，等等。

接下来，我们可以制作一张 T 形图，让学生以小组为单位，在其中分别列出将手机作为高效工具和无用干扰的例子。首先让学生思考学业方面的例子，然后逐渐扩大讨论范围，把运动和社交等方面包括在内。表 4.1 提供了一个示例。学生可能会注意到，有些使用手机的例子可能同时符合高效工具和无用干扰两个类别。在这种情况下，可以将这些例子分别填入表格的两列中。

表 4.1　智能手机的使用情况

高效工具	无用干扰
计算器	游戏
日历	社交媒体
通信工具	持续不断的消息通知
查阅研究资料	购物应用程序
查看天气和新闻	智能手表通知
获取成绩和作业	
计时器和秒表	
照相机	

一旦 T 形图制作完成，学生就可以在全班范围内展开讨论，探讨如何在使用智能手机的同时，有效地管理无用的干扰。这可能涉及关闭某些应用程序、将手机设置为飞行模式或关闭消息通知等。

虽然我们不能替其他人完成调节，但我们可以共同指出干扰源的所在，并提醒彼此做好自我调节。你可以向学生提问："当一个朋友因为沉迷于手机而不注意听你讲话的时候，你可以对他说些什么？"重要的是引导学生以友善的方式进行沟通，避免使用讽刺或挖苦的语气。为了在学生小组讨论时提供参考，我们可以写下这样几句话作为示例。

- 我知道你在等一条重要的消息，但我也想和你一起参加这项活动。
- 你看起来被手机分散了注意力，是有很重要的事情，还是可以先等等？

- 你能在手机上查找信息吗？
- 让我们活在当下，先把手机收起来吧。

活动44：心理对比

向学生解释，提高自我调节能力的一个好处是能提高处理干扰的能力，并保持实现目标的动力。戈尔维策等人（Gollwitzer et al.，2011）认为，那些使用心理对比[①]策略的人更有可能实现自己的目标。让学生先思考一个目标或愿望，然后闭上眼睛，想象如果他们实现了自己的目标，将会发生哪些美好的事情。厄廷根（Oettingen，2014）建议，给学生一分钟来思考，然后让他们想象在实现目标的道路上可能会遇到的所有障碍，并想象自己成功克服了这些障碍的情景。具体步骤见表4.2。

表4.2　心理对比的步骤

步骤	行为描述
1	思考你的目标
2	闭上眼睛，想象实现目标后将会发生哪些美好的事情
3	想象在实现目标的道路上可能会遇到的所有障碍
4	想象自己成功克服这些障碍的情景

向学生解释，我们都会因遇到挫折而感到沮丧，甚至有时会产生放弃目标的念头。心理对比策略能提醒我们为什么要实现目标，有助于我们保持动力。有些人甚至每天都会使用这个策略。在课堂讨论中，可以询问学生何时会使用心理对比策略。

教师的话

在教授自我调节的这短短一段时间里，我注意到学生在监控计划与进展和调整计划这两个方面取得了很大的进步。许多学生往往

① 心理对比（mental contrasting），也可译作心理对照、心理比对等，指个体清晰地构造出关于目标实现以后的收获以及现实中可能遇到的障碍的心理表征。

只关注一个项目、一周或一次测验的起始与结束。实际上，引导学生反思自己的计划并做出相应的改变，进而帮助他们实现自己的目标，是一件很有趣的事情。

——斯泰西娅（Stacia），英语语言艺术教师

活动 45：检查理解情况

使用答题卡或在线测验平台，让学生分别确认表 4.3 中所示的每种行为分别对应哪一个要素。查看学生的回答，以确保学生理解了自我调节的前三个要素。如有必要，请重新教学。（表 4.3 的答案：1. 监控；2. 调整；3. 计划；4. 调整；5. 监控。）

表 4.3 检查理解情况——计划、监控和调整

行为	要素
1. 每天在待办事项清单上画去已完成的任务	计划 监控 调整
2. 当意识到某些方面不奏效时，立即调整计划，确保回到正确的轨道上	计划 监控 调整
3. 将大目标分解成若干个小目标	计划 监控 调整
4. 在遭遇挫折后，积极寻找解决方案（并根据需要多次尝试），直到成功为止	计划 监控 调整
5. 确定并使用具体的方法来跟踪自己的进展	计划 监控 调整

引导式合作学习

场景导学活动涵盖了青少年可能会遇到的一系列情况。通过这些合作学习活动，学生可以更深入地理解自我调节的概念。你的目标是让学生能够预测常见的障碍，并针对具体情境采取相应的调整措施。

活动 46：安东尼在存钱期间偏离正轨

让我们回到安东尼想要存钱的场景（活动 20、活动 34）。如果

你没有使用之前的活动，不必担心，下面的场景提供了此活动所需的所有信息。这个场景可从附录 C 中复制获取。

场景

安东尼正在努力存钱购买一台游戏机。他目前有一份兼职工作，每周收入约 80 美元。为了节省开支，安东尼开始更多地选择在家里与朋友聚会，减少了外出就餐的频率，这确实有助于他存钱。然而，他在工作期间常常会从自动售货机购买零食和饮料，这一点他在最初的计划中并未考虑到，现在却成了他存钱计划中的一大障碍。那么，安东尼应该如何调整自己的计划呢？

让学生以小组为单位，讨论安东尼应该如何调整他的计划，以便更成功地存钱。需要向学生强调，仅仅让安东尼从家里带零食是不够的。他们应当深入思考，安东尼将如何确保家里有零食可供携带，如何提醒自己记得带上这些零食，以及如何有效地跟踪自己的进展和行动。

在所有小组完成讨论后，让全班同学重新集合，要求每个小组分享本组确定的一个行动或步骤，并确保不与之前小组所给出的行动重复。让大家轮流回答，直到所有小组都分享完他们给出的行动方案。在活动结束时，对各小组的创造性思维表示肯定，并鼓励学生在努力克服自己的障碍时发挥创造性。

活动 47：将障碍与策略联系起来

为了帮助学生克服障碍，我们可以采用多种策略。首先，全班一起查看表 4.4 中的示例场景。然后，请志愿者分享一些可能对利娅（Lea）有帮助的其他策略。例如，在障碍 2 中，利娅除了锻炼还有其他想做的事情。对此，她可以选择换其他时间进行锻炼，或者向朋友分享自己的锻炼计划，鼓励他们一起加入。

接下来，让学生阅读表 4.4 的场景 1 和场景 2，尝试找出其中人物可能会遇到的两个障碍，并就每个障碍给出相应的解决策略。然后，让学生在小组内讨论他们的答案，并添加新的想法。由于情况复杂且影响自我调节的因素众多，因此很可能会存在多个符合要求的答案。学生应该能够解释他们为什么选择某个特定的障碍和相应的策略。

表 4.4 障碍与策略

场景示例	利娅原定的每日锻炼计划是跑步 2 英里，然后做 20 个仰卧起坐，共计 30 分钟。然而，昨天她的脚踝感觉不太对劲。她觉得可能是早上扭到了，因此想休息一天，以确保脚踝没事。所以，利娅昨天没有锻炼，而是选择和朋友出去玩。今天，她本该和朋友一起去游泳，但因为朋友出了点事，不能开车送她前往游泳池，利娅便决定回家放松，明天重新开始她的锻炼计划
障碍 1	在这两天里，她有两次无法按照原定计划进行特定的运动（一次是担心伤到脚踝而放弃跑步，另一次则是因为没有交通工具而不能前往泳池游泳）
策略	针对这种情况，她可以在每天的锻炼计划中预备一些替代性的运动方式。例如，如果不能跑步，她仍然可以进行原计划中的仰卧起坐，并增加一些脚踝负担较小的低冲击运动，如瑜伽等。不能游泳时，她可以选择进行前一天因故未能完成的跑步锻炼
障碍 2	她还有其他选择来打发时间，也许这些选择看起来会比锻炼更有趣（和朋友出去玩、回家放松）
策略	在面对其他更有趣的休闲选择时，她可以尝试练习积极的自我对话，并想象锻炼所带来的积极成果，以说服自己坚持执行锻炼计划

（续表）

场景1	达留斯（Darius）一直很难按时上学。为了解决这个问题，他制订了一个计划：将闹钟调得比以前早10分钟，并把闹钟放在房间的另一边，这样他就必须起床才能关掉它。这个方法在他本周首次尝试时奏效了，但现在达留斯又连续迟到3天。更糟糕的是，他昨晚熬夜完成家庭作业，但今早在准备当天的学习材料时，却找不到作业了。因此，他不仅因为迟到被扣分，还要因为迟交作业被扣分
障碍1	
策略	
障碍2	
策略	
来自小组的其他想法	
场景2	在英语课上，玛丽索尔（Marisol）正致力于完成一篇研究论文。每个学生都需要确定一个选题，并有一个月的时间来完成论文。接到任务后，玛丽索尔制订了一个详细的计划，列出了搜集资料、完成研究和撰写论文等步骤。她采用逆向计划法，从最终的截止日期开始向前推，为每个细分步骤设定了具体的截止期限。原本到前两周结束时，她应当已经确定了资料来源，并完成了一半的研究工作。然而现在是第二周的星期五，玛丽索尔直到昨晚才敲定论文选题。这意味着她只剩下两周的时间，但她尚未开始执行原计划的第一步——搜集资料。雪上加霜的是，她在生物课上刚被分配了一个项目。玛丽索尔面临着如何在有限时间内高质量完成两项作业的挑战
障碍1	
策略	
障碍2	
策略	
来自小组的其他想法	

在与全班同学总结汇报时，提醒他们克服障碍的办法多种多样。与其他人讨论障碍，共同提出创造性解决方案通常是非常有效的。提醒同学们，尽管提前预见潜在问题并制订应对方案是克服障碍的最理想方法，但这并非总是可行的。然而，通过定期监控，你会意识到自己在何时何地偏离了方向。关键在于要快速做出调整，要么修改你的计划，要么寻找新路径来绕过障碍。自我调节的显著优势在于，它可以帮助你变得更加积极主动，更好地认识并纠正自己的错误，而不是单纯依赖别人的反馈和建议。当然，集思广益也不失为一个好办法。当你意识到自己存在问题但不确定如何解决时，邀请别人与你一起想办法，可以帮助你掌控自己的进展，向着问题的解决迈出第一步。

教师的话

我认为我的学生在掌握举重项目方面受益匪浅！我看到越来越多的学生在举重室里加倍努力训练，并积极询问如何才能实现自己的目标。

——斯蒂芬妮（Stephanie），体育教师

活动 48：编写“如果 X，那么 Y”语句

向学生解释说，我们可以通过一种名为“执行意图”① (Gollwitzer，1999) 的策略来预测障碍，制订计划。使用表 4.5 中的场景，鼓励学生集思广益，找出每个场景中潜在的障碍，并撰写相应的“如果 X，那么 Y”语句，从而明确在特定情况下应采取的具体策略。策略的表述形式为“如果发生了情况 X，那么我将执行 Y”。全班一起查看表格中的示例。使用拼图分组教学法，将学生分为原始小组和专家小组两类组别。每个专家小组负责其中的一个场景，请组内成员集思广益，找出五个潜在障碍，并填写在表格的中间一栏。然

① 执行意图（implementation intention）指将情境线索与有效反应联系起来的“如果……那么……”计划，其结构为“如果情境 X 出现，我就启动行为 Y 来达成目标”。

后，这些专家小组为其中一个障碍编写一个“如果X，那么Y”语句。接着，让学生回到各自的原始小组中，由每个场景的专家对障碍进行描述，并解释相对应的“如果X，那么Y”语句。然后，原始小组从每个场景的障碍中另外选择两个，编写相应的“如果X，那么Y”语句。

表4.5　编写“如果X，那么Y”语句

场景	五个潜在障碍 （有什么会妨碍我呢）	解决其中两个障碍的“如果X，那么Y”语句
例：你经常忘记完成数学作业，所以你决定每天放学先用30分钟时间完成每日作业，然后再做其他事情（家庭作业或娱乐）	1. 放学后，我的朋友们正在做一些我非常想做的事情 2. 我分心了，30分钟里有20分钟都在玩手机 3. 对于作业中的概念，我感到十分困惑，并且不知道如何着手完成 4. 我累了，想过会儿再做数学作业 5. 我突然意识到有一个课外活动（比如兄弟姐妹的比赛）要参加。这将占用我几小时的时间，而且我不能缺席	1. 如果我不理解家庭作业，那么我会打电话向数学学得好的朋友求助 2. 如果我太累或注意力不集中，不能马上做数学作业，那么我会选择当晚的一个特定时间来完成，并设定闹钟，以免忘记
1. 你经常在白天摄入高糖食品，导致每天下午昏昏欲睡。为了改善这种情况，你计划吃一些更健康的食物，从而让你在下午感觉更清醒		

（续表）

场景	五个潜在障碍（有什么会妨碍我呢）	解决其中两个障碍的“如果X，那么Y”语句
2. 你们学校设定了志愿服务时间的标准。虽然辅导员办公室提供了一份志愿服务机会清单，但你不确定自己想在哪里做志愿服务，而且在打电话询问志愿服务事宜时，你会感到很紧张		
3. 面对两周后的重大考试，你制订了每晚学习的计划		
4. 你想攒100美元，以便4个月后能和朋友一起去听音乐会		
5. 你的房间似乎总是很乱，你想改变这种情况。你决定每天晚上花15分钟整理房间，以保持房间干净		
6. 做化学作业时，你经常会感到沮丧并放弃。为了改变这一状况，你决定采用从1数到10的方法平复情绪，然后参考笔记来解决困扰你的问题		

活动结束时，每个小组需要分享一个独特的“如果 X，那么 Y”语句。同时提醒学生，在解决干扰或其他障碍时，我们既可以变通处理事情的方式（例如，在学习时，设置好闹钟以确保自己有固定的休息时间，避免过度休息），也可以改变身处的环境（例如，如果你发现与朋友一起学习时聊天过多，那么或许选择在家独自学习会更有效）。通过预见潜在的障碍，我们可以在它们发生之前就确定应对策略，从而有效地避免或克服这些障碍。

教师的话

学生利用自我调节完成了一个为期一学期的“天才一小时”①项目。随着我们不断培养学生的自我调节能力，他们更加了解需要做出哪些改变才能完成项目，并对这一过程有了更多的自我反思。

——里基（Rikki），历史教师

活动 49：做出适合你的选择

让学生独自阅读表 4.6 中的场景，思考在这种情况下他们会如何行动，并预测他们的决策可能会产生什么样的结果（填写在表格的第 2 列和第 3 列）。然后，让学生分组讨论，分享他们的答案，并探讨其他可能的选择和预期结果。这项活动的目的是帮助学生锻炼思考能力，让他们理解不同的行动和决策如何影响结果。需要提醒学生的是，在任何特定情况下，可以选择的反应方式有很多，而且通常没有绝对的对错之分。向学生解释，生活中总是存在许许多多的选择，但有时我们可能会陷入“非黑即白”（all-or-nothing）的思维模式，认为一件事要么做到最好，要么就不做。在回答问题时，他们应该考虑自己在相应情况下可能会如何应对；他们的答案或许会

① “天才一小时”（genius hour），也可译作“天才时刻”等，是一种个性化学习方式，指学生利用部分在校时间进行持续性、自我导向的探究，适合在中学阶段实施，因为它能促进学生进行积极、民主、目的性的学习，适用于挑战性、探索性、多样性的课程。

很复杂，或者会部分取决于其他因素。向学生说明，自我调节不仅意味着总是做出你认为是负责任的选择，还意味着想清楚哪些行动和策略能最有效地帮助自己实现目标，同时还要现实地考虑这些选择对你在时间、注意力和精力等方面的要求。

与学生一起查看表4.6中已完成的示例。以此示例为例，并不是说为了实现目标，你就必须取消与朋友的活动，而是要现实地考虑到每个选择的可能结果，并确保自己不会忽视这样一个事实：有时你需要适当休息一下，享受乐趣，这样才能在努力实现目标的过程中保持高效。

最后，请学生针对每个场景尝试找出多个选择。邀请一些学生自愿分享他们在现实生活中的例子，说明他们如何在实现目标的同时，还能兼顾娱乐活动。

活动 50：情景判断测验

请学生自主阅读下列场景并回答问题。下述场景会在后续章节中持续出现并有相应扩展，学生需要在先前答案的基础上回答相关问题。附录 A 提供了一份包含所有情景判断测验的可复制表单。

场 景

健康课上，亚历克斯和他的同学们了解到每天适量喝水的好处。亚历克斯认为他没有喝足够的水。

针对亚历克斯可能遇到的障碍，写出三个“如果 X，那么 Y”语句。

查看每个学生的答案，确定其所写的“如果 X，那么 Y”语句能否解决影响亚历克斯喝水量的潜在障碍。例句如下：

- 如果我把水忘在家里了，那么我会从自动售货机上买一瓶。

表 4.6　根据选择确定结果

场景	你会做什么	你的选择可能会产生什么结果	你还能做出哪些选择？这样会产生哪些结果
例：你制订了一个提高英语成绩的计划（每晚读20页小说，以便在报告截止日期前两周完成，并写出高质量的报告）。然而，你感冒了3天，什么也没读。为了弥补进度上的落后，你计划在接下来的3天里每晚读30页。但是，你刚刚听说你的朋友们明天要去你最喜欢的餐厅吃饭，还要去看一部你很期待的电影。你知道如果自己加入他们，就没有时间按计划进行阅读了	我真的很想明天和我的朋友们一起去，尤其是最近几天我感冒了，很难受。但我也想在阅读方面有所进展，按计划读完这本书。为了兼顾两者，我今晚打算读45页，明天和朋友们一起出去吃饭、看电影，然后后天再读45页	我将能够在实现目标的同时，和朋友们一起出去玩；明天我还有机会监控自己的进度（今晚我是否读完了45页），并根据这些信息来调整我的计划	我可以选择坚持自己的计划，不和朋友们出去玩，这样我或许能按计划回到正轨，但我可能会因为错过这次机会而感到失望和沮丧，这会让我更难集中注意力阅读。我也可以选择和朋友们出去玩，并保持我今晚和后天阅读30页的计划，只是要跳过明天的阅读。这样虽然可以让我和朋友们一起玩，但不会让我完全回到阅读目标的正轨
1. 你想把每晚的游戏时间从4小时减少到2小时，这样你就有更多的时间做作业、见朋友和帮忙做家务。你制订了一个计划并坚持了两周，每天花90分钟或更少的时间来玩游戏。今天，你计划放学后和朋友一起玩，而且晚上还有家务要做。然而，你非常期待的一款游戏刚刚发布，并且你的家人刚买了这款游戏，他们问你是否想现在回家玩。你知道如果现在开始玩，那么几小时都停不下来			

（续表）

场景	你会做什么	你的选择可能会产生什么结果	你还能做出哪些选择？这样会产生哪些结果
2. 你是篮球队的一员。最近你在比赛中的罚球命中率是25%。你希望自己的罚球命中率至少能提高到75%，所以你制订了一个训练计划，每天在集体训练结束后进行30分钟的个人罚球练习。两周后，你在个人练习中的命中率达到了60%。然而，在昨晚的比赛中，你的罚球命中率仍然只有25%。比赛之后，几个队友对你大加奚落，说你练习了那么久的罚篮，却毫无改进			
3. 这个月，你已经因为扰乱课堂秩序被老师叫到办公室两次了。你和朋友坐在一起，每当你们完成作业，等待下一项任务时，你们总会不自觉地开始讲话，直到课堂秩序受到干扰时才意识到问题的严重性。你制订了一个计划，让自己专注于其他事情（例如，提前阅读这堂课的下一个主题，完成其他课程的家庭作业，列出当天的家庭作业并安排相应的完成时间），以避免干扰课堂。昨天这个计划奏效了，但今天你的朋友想让你看他手机上的东西，当你拒绝的时候，他很伤心			

- 如果我在午餐前没有喝足够的水，那么我会在开始吃饭前喝完水瓶里的水。
- 如果我不喜欢学校里水的味道，那么我会在背包里装着液体调味品。

反馈式自主实践

通过自主实践，学生能够将所学知识应用到自己的工作中。这不仅可以提高技能掌握的熟练度，而且可以为形成性反馈和指导提供机会。你的目标是让学生能评估他们的监控过程，判断自己是否偏离了原计划，找出任何阻碍他们前进的障碍，确定具体的行动和策略以重回正轨，并将这些新的行动纳入他们未来的监控过程中。

教师的话

我问学生："什么方法行之有效？你成功了吗？"如果他们没有成功，也没关系。他们可以随时回头，做出改变。重要的是要明白，如果某种方法不能奏效，那就是要学习的时候了。

——吉尔，化学教师

活动51：解决自我调节过程中的干扰因素

让学生花几分钟时间，回顾他们在活动24或活动25中创建的计划。接着，让学生独自填写表4.7，至少列出五个他们曾经遇到过（或可能会遇到）的干扰因素或挑战。然后，让他们针对每个干扰或挑战想出三种应对方法，并针对其中一种可能的解决方案编写一个"如果X，那么Y"语句。鼓励学生尽可能提出切合实际的解决方案和"如果X，那么Y"语句，并思考他们如何实际执行以有效应对挑战。如果学生在确定应对干扰或挑战的多种方法时存在困难，可以让他们结伴或分组完成这项活动。

表 4.7 在你的短期计划中处理干扰因素

干扰/挑战	可应对这种干扰/挑战的三种方法	可用于应对这种干扰/挑战的一个“如果 X，那么 Y”语句
例：尽管我留出了 3:30—4:30 这段时间来做家庭作业，但我通常会花至少 15 分钟（有时甚至 30 分钟）的时间在手机上	1. 将 4:00—4:10 定为手机使用时段，并设置闹钟，以便我能遵守时间表 2. 在这 1 小时内把手机设置为飞行模式 3. 使用挂钟记录时间；把手机放在另一个房间，或者让别人帮我拿着	如果我想在做家庭作业的时候查看手机，那么我会让妈妈拿着我的手机，直到我完成家庭作业
1.	1. 2. 3.	
2.	1. 2. 3.	
3.	1. 2. 3.	
4.	1. 2. 3.	
5.	1. 2. 3.	

开展课堂讨论，让每个学生分享一个“如果 X，那么 Y”语句，根据需要给予鼓励和策略性的反馈。

教师的话

自我调节教学适用于任何孩子。这确实有助于他们意识到，自己是有一定的控制力的。对那些真正有困难的孩子而言，这种教学尤其有帮助，能让他们感到自身非常有力量。

——海迪，六年级教师

活动52：学业成功的备用计划

向学生说明，学生要按照表4.2中概述的步骤，使用心理对比策略来激励自己在学校取得优异表现。告诉学生，在步骤1中，他们的目标是在学校取得优异表现，并让他们了解因此而来的好处。然后，引导学生思考与特定课程和作业有关的障碍，并让他们想象自己克服这些障碍后的成功情景。

完成心理对比练习之后，让学生写出他们在未来几周可能会遇到的一些障碍，然后编写相应的“如果X，那么Y”语句来解决这些障碍。提醒学生，我们需要在工作和娱乐活动之间平衡时间。编写“如果X，那么Y”语句有助于我们提前思考各种方法，以便在实现目标的过程中，兼顾诸如时间等其他方面的要求。鼓励学生与同伴分享“如果X，那么Y”语句，以便同伴询问他们的进展状况，或者在其遇到障碍时给予提醒。

查看学生的备用计划，找出学生之间的共性，并考虑为他们提供讨论时间，让他们继续集思广益，共享成功经验。随后，提示学生将他们的备用计划纳入他们的监控过程和未来的自我调节计划中。

本章小结

我们都会遇到障碍，这是无法避免的。然而，通过提前思考障碍，我们可以在这些挑战发生之前制订应对策略。章末的教学规划工具能为教师制订教学计划提供指导。通过实践自我调节，我们能对自己的成功负责，将我们的思维从外界归因转变为自我赋能，进而制订出能克服障碍的策略。学生在遇到挑战时往往会立即放弃，但通过将障碍常态化（即理解我们都会遇到障碍），教师可以引导学生重点关注适合自己的解决方案。坚持不懈地克服障碍，可以极大提高自我效能感，从而形成良性循环，促使学生取得更多成功。

为了引起学生的共鸣，你可以选择编写小故事或调整活动。接下来要考虑如何给学生提供持续的实践与反馈。选择适当的教学活动，以帮助学生实现起始教学、引导式合作学习和反馈式自主实践的学习目标。

教学规划工具

<table>
<tr><td colspan="2">起始教学：学生能认识到，每个人都会面临障碍，而通过调整自己的努力是有可能克服这些障碍的</td></tr>
<tr><td>教学活动</td><td>笔记与调整</td></tr>
<tr><td>活动 41：反思过去的障碍
活动 42：名人谈如何克服障碍
活动 43：你的手机是工具还是干扰？
活动 44：心理对比
活动 45：检查理解情况</td><td></td></tr>
<tr><td colspan="2">引导式合作学习：学生能预测常见的障碍，并可以针对具体情况做出相应的调整</td></tr>
<tr><td>教学活动</td><td>笔记与调整</td></tr>
<tr><td>活动 46：安东尼在存钱期间偏离正轨
活动 47：将障碍与策略联系起来
活动 48：编写“如果 X，那么 Y”语句
活动 49：做出适合你的选择
活动 50：情景判断测验</td><td></td></tr>
<tr><td colspan="2">反馈式自主实践：学生能评估他们的监控过程，判断自己是否偏离了原计划，找出任何阻碍他们前进的障碍，确定具体的行动和策略以重回正轨，并将这些新的行动纳入他们未来的监控过程中</td></tr>
<tr><td>教学活动</td><td>笔记与调整</td></tr>
<tr><td>活动 51：解决自我调节过程中的干扰因素
活动 52：学业成功的备用计划</td><td></td></tr>
<tr><td colspan="2">你将如何针对每个学习目标提供持续实践</td></tr>
<tr><td colspan="2">你将在何时以及如何向每个学生提供反馈</td></tr>
</table>

第五章 CHAPTER5 反思努力与结果

反思是一个有意识地回顾经历、得出结论，并将这些信息应用于未来计划的内部心理过程。通过反思，我们能够深入思考、澄清思路并进行自我评价，以增进自我意识，并确定最佳的后续步骤。通过反思，我们还能分析自己的个人优势和成长空间，并采取相应的行动加以改进。虽然我们将反思列为自我调节的第四个要素，但它实际上贯串于计划、监控和调整行动以实现目标的整个自我调节过程之中。克利里、肖勒等人（Cleary et al., 2012; Scholer et al., 2014）认为，反思中的自我评价部分对我们持续使用自我调节策略至关重要，并能将我们的行为与相应的结果或进展联系起来，进而提高我们的自我效能感。当遇到具有挑战性或困难的情况时，反思尤其有帮助，它有助于我们寻找意义、了解自己以及建立各种联系。

教师的话

反思这一环节确实有助于学生确信，通过自我评价与重新评价，他们可以做出改变并看到积极的效果。换言之，反思环节促使他们真正去思考自己的思维方式、学习方式和行为方式。

——金伯利（Kimberly），英语语言艺术教师

对结果进行反思固然很重要，但更为关键的是对导向结果的潜在努力进行自我评价的过程。例如，学生往往要等考试成绩公布之后，才能确定自己在课堂上的表现是否出色——事实上，许多学生并没有将考试成绩与他们的学习（或在学习与备考过程中所付出的

努力）联系起来。为了帮助学生理解行动、学习和成绩之间的关系，教师可以在考试中加入以下反思性问题。

- 你觉得自己这次考试的准备情况如何？
- 你采取了哪些方法来学习相关材料和备考？
- 你对考试内容的理解程度有多深？你掌握了考试内容的百分之几？

这些问题侧重于让学生反思自己的学习，而非成绩，强调的是学生对技能或概念的掌握，而不仅仅是他们的学业表现。最成功的学生往往会对自己的学习进行自我评估（Frey et al.，2018），并全面考虑自己的准备情况、对内容的掌握程度和整体表现，而不是孤立地进行反思，从而主导自己的学习。

让我们再次回看库珀老师的研究项目。

库珀老师的研究项目

学生正在紧锣密鼓地准备提交他们的研究项目。在上周的课堂上，库珀老师鼓励学生相互提供有建设性的反馈，并根据所给的评分标准对自己的表现进行自我评估。经过同伴反馈和自我评估后，学生都相应地修改了自己的论文。库珀老师还让学生在各自的监控小组中讨论，并让学生与她进行个别会谈。她发现，几乎每个学生都能按时完成任务，少数进度落后的学生也备有合理的计划以赶上进度，确保自己能按时完成论文。教室里洋溢着积极的氛围。显然，学生对自己完成论文的进度感到相当满意。

在研究项目的整个推进过程中，学生一直在积极地进行自我监控、反思和调整。然而，库珀老师意识到，现在是时候让学生全面反思他们的自我调节努力，并确定哪些习惯是他们在未来希望继续保持的了。她指着教室墙上挂着的自我调节海报，问学生反思的含义是什么。学生给出了非常到位的解释。随后，她进一步提问："对于撰写迄今为止自己最好的研究论文的过程，我们应当具体反思哪些内容？"学生分享了许多必须考虑的重要事项，包括反思监控的方法、初始计划的有效性、过程中所做的调整、自己的学习和表现、保持动力的策略，以及时间管理的技巧等。接下来，库珀老师询问学生打算如何进行反思。与讨论监控方法时的情况类似，学生的思考方式不尽相同：一些学生喜欢安静地思考和写作，而另一些学生则喜欢通过与同学交谈来分享想法。这两种方式都各有优点，所以库珀老师尽量为学生提供足够的课堂时间，以便他们能根据自身喜好选择讨论或写下他们的反思。

几天后，当学生上交研究论文时，库珀老师要求他们给未来的自己写一封信，从而将反思推进一步。她提醒学生们，下学期他们将再次撰写研究论文，所以在这封信中，他们应该提醒自己到时采取哪些行动和策略以写出高质量的研究论文。库珀老师还提醒学生，在每封信的结尾添上一段后记，描述研究论文中他们认为最出色的部分。通过这种方式，她不断地引导学生反思自己的学习过程。库珀老师收集并阅读了每一封信，为每一个学生的成功感到由衷的欢欣。她计划在几个月后介绍下一个写作项目时，把这些信发还给学生。

教师可以通过提供实践机会和以过程为导向的反馈，帮助学生进行反思。通过这种方式，学生可以监控自己的技能发展，评估自己在特定领域的学习以及所用技巧的有效性，并更深入地研究学习成果与自身努力之间的直接联系，从而更好地理解自己的学习方式（Zimmerman，2013）。此外，反思也是改变行为和态度的一个关键方面，有助于我们建立更好的人际关系，应对好人际关系中的挑战。本章的教学活动目标有三个：第一，增强学生的反思能力，以评估自己所进行的计划、监控和调整的有效性；第二，帮助学生反思由此产生的结果；第三，让学生能够将这些知识应用到未来的努力或活动中。

教学活动大纲

★**起始教学：**目标是让学生能够阐明反思的目的、方法以及反思是如何促进自我调节的。

活动53：我们为什么要反思？

活动54：不顾进展的赛跑

活动55：反思我们的思维方式

活动56：反思的方法

活动57：检查理解情况

★**引导式合作学习：**目标是让学生能够确定与各种情况相对应的反思方法与结果。

活动58：阿娃反思自己的精力

活动59：反思利维的公共演讲

活动60：为顶点项目①做准备

活动61：情景判断测验

★**反馈式自主实践：**目标是让学生能够在整个自我调节过程中进行自主反思。

活动62：给未来的自己写一封信

活动63：反思学习

活动64：你的成功路线图

① 顶点项目（capstone project），又被称为顶石项目。capstone的原意为“顶石”或“压顶石”，是一个建筑术语，指位于拱桥、拱廊、窗户等的顶端，横跨两边，为增强整体结构力而架设的石头。该词又被引申为“顶点”，尤指成就的顶点。在美国教育领域，顶点项目是美国中学或高等教育阶段针对临近毕业的高年级学生开设的一类综合性课程。顶点项目的重点通常是让学生整合并充分利用所学领域的知识，同时培养相关的技能和态度。这类课程一般开设在实用导向很强的专业中。

起始教学

通过这些活动，学生能够掌握关键概念，将所学内容与生活实际相结合，并构建共享的词汇系统。你的目标是让学生能够阐明反思的目的、反思的方法以及反思是如何促进自我调节的。

活动 53：我们为什么要反思？

参看前面的自我调节海报（图 1.2），并简要地提醒学生：自我调节由计划、监控、调整和反思四个要素组成。可以使用“思考—结对—分享”互动教学法，引导学生思考反思的含义，让他们与同伴进行简短的讨论，之后再与其他同学分享他们的理解。在学生分享时，记下他们想出的同义词和关键短语。随后，利用这些信息总结出全班共同认可的反思的定义。你的班级对反思的定义可能类似于以下表述：反思是一个有意识地回顾经历、得出结论，并将这些信息应用于未来规划的内部心理过程。

向学生解释，反思是自我调节的一个重要环节，因为如果我们不考虑自己在哪些方面遇到了困难，哪些因素有助于我们取得成功，我们就无法从一段经历中学到尽可能多的东西。换言之，无论我们是否实现了目标，在缺乏反思的情况下，我们将无法更深入地了解自己，包括我们的个人能力、有待提高之处、掌握挑战性技能或任务的最佳个人方法以及怎么做才能继续成长和进步。

活动 54：不顾进展的赛跑

与学生分享这样一个类比：如果我们在执行自我调节计划时，不花时间去反思努力的过程和结果，那就像是在田径场上参加 400 米比赛，却从不查看自己的成绩或思考自己的表现。鼓励学生分享他们对这个类比的想法。

为了进一步推进对话与讨论，可以询问学生反思与自我调节的其他要素（计划、监控和调整）之间存在何种关系。在这个类比中，运动员既要监控自己在跑速加快上的进展，也要监控带来这种进展的具体行动和策略。因此，运动员可以反思自己的锻炼是否有效，是否付出了足够的努力来跑出好成绩。同样地，运动员还可能会对自己已经做过的或未来可能要做的调整进行反思。总之，这种反思将有助于完善今后的计划。

在结束讨论时，向学生解释，正如在田径比赛中运动员会关注自己的成绩并思考如何提高速度一样，我们在实施自我调节计划时也不应忽视反思的重要性。反思不仅有助于我们分析实现目标的进展情况，还能改进我们未来的努力。通过反思，我们可以找出在自我调节中遇到的具体难题、对自己最有效的策略以及未来可能需要调整或完善的方法。

学生的话

我的反思过程与我监控自己进展的过程同步发生。在进行反思时，我会查看自己的清单，看看自己的进展如何。如果偏离了正轨，我就会反思自己做错了什么。在完成一项目标或任务后，我不仅会反思自己是否按时完成，还会反思自己在整个过程中经历的情绪变化。我会想一想自己是否有过压力或焦虑以及下次可以做些什么来缓解这种情况。

——一个十年级学生

活动55：反思我们的思维方式

鉴于学生已经理解并开始实践自我调节，可以向他们解释，他们正在学习一项元认知技能，也就是对自己的思维方式进行反思。为了帮助学生更好地反思和评估自己的学习，可以提出以下问题，并要求他们通过竖大拇指的方式来回答：向上竖起大拇指表示“是”，即认同；向下竖起大拇指表示“否”，即不认同；将大拇指指向一侧则表示答案介于两者之间。

- 你能解释自我调节的含义是什么吗？
- 你能描述“监控进展”和“监控行动”之间的区别吗？
- 你能针对某个特定的干扰写一个“如果X，那么Y”语句吗？

先让学生结伴讨论哪些活动有助于他们学会自我调节——是课堂讨论中的某些内容，还是与不同学生相关的场景，抑或是他们自己制订的自我调节计划。然后，让各组至少分享一个答案给其他同学。询问全班学生，他们是否需要你进行一次测验或打一个分数，以便知道自己是否对自我调节有了深入的理解。答案应该是“不需要”。向学生解释，他们无须等待分数公布，便可以反思自己的学习情况或对测验的感受。在讨论结束时，向学生说明他们刚刚已经对自己的学习进行了反思，并探讨了哪些类型的活动能最有效地促进他们的学习进程。这一过程对我们每个人来说都至关重要，且应定期进行。

教师的话

我认为孩子们太忙碌了，很少有机会能真正坐下来思考如何改进某件事。他们可能知道自己在某些方面不是最优秀的，因此给予他们时间和空间，让他们真正思考如何提升这些方面是非常重要的……我发现这样做的好处是，孩子们既有了足够的时间和空间，也获得了相关的指导，从而学会了制订计划并对此进行反思。

——凯特琳，技术教师

活动56：反思的方法

需要提醒学生的是，反思是一种有意识地回顾经历、得出结论，并将这些信息应用于未来规划的内部心理过程。通过反思，我们能够深入思考、澄清思路并进行自我评价，以增进自我意识，并确定最佳的后续步骤。通过反思，我们还能分析自己的个人优势和成长空间，并采取相应的行动加以改进。同时向学生解释，我们可以使用多种策略和工具来支持我们的反思努力。让学生分享他们可能会采取的反思方法，学生的做法可能会包括写日记、保存视频日志、与朋友或父母交谈，或仅仅是沉思。

鼓励学生单独列出他们可以向自己提出的问题，形成问题清单，以促使他们在整个自我调节过程中开展反思。教师可以使用快速配对（speed dating）等合作学习策略，让学生两两一组，交替组队，以分享一个对方想不出的问题为目标，活动时长总计1分钟。然后，对方将这个问题添加到自己的问题清单中。在这个过程中，学生会与不同的伙伴轮流组队，并重复这项任务。这样的轮换最多可持续10次。

现在每个学生都有了一长串的问题，让他们把每个问题分类，放到他们认为最合适的某个要素（计划、监控、调整）中，或者放到某个项目或某项目标的结尾部分。示例如表5.1。

表5.1 反思问题

问题类别	反思问题
计划	• 我的计划有可能实现目标吗？ • 我的计划是否足够详尽？ • 我是否会坚持遵循自己的计划？
监控	• 我是否充分监控了计划的各个方面？ • 我是否在监控自己的目标进展情况？ • 我的监控频率是否足够？ • 我的监控方法于我而言是否有效？
调整	• 我是否有所进展，是否在按计划行事？ • 哪些调整对我来说最有效？ • 哪些策略对处理干扰因素最有效？ • 我所做的调整效果如何？ • 我是如何克服挑战的？

（续表）

问题类别	反思问题
结尾部分	• 我是否按计划完成了所有的步骤？ • 我是否成功地实现了自己的目标或掌握了某项技能？如果未能成功，我是否仍有所进展？ • 我决定监控的事项真的有助于促进我的进步吗？ • 我是否能够发现那些不起作用的事情并及时处理，以重回正轨？ • 我计划中的哪些部分效果最显著？ • 下次我可以在哪些方面进行改进？

在活动结束时，可以向学生说明反思的重要性。反思不仅有助于我们发现有意义的和重要的事情，也有助于凸显那些不重要或无效的事情，从而帮助我们排除不必要的步骤，充分发挥自身的优势。通过反思，我们还能发现那些本可以让任务变得更容易或完成得更出色的事情。你可能听说过“事后诸葛亮”，这句俗语指的是在事情已经发生之后，人们更容易看清问题所在。然而，通过反思自己的错误和成功，将所学知识应用到今后的努力之中，我们就能够避免“事后诸葛亮”的局限，真正吸取教训，不断进步。

活动 57：检查理解情况

使用答题卡或在线测验平台，收集每个学生对表 5.2 中题目的回答。查看学生的答案，确保学生理解反思是如何支持自我调节的。如有必要，请重新教授相关内容。（表 5.2 的答案：1. d；2. c；3. 错；4. 错；5. 对。）

表 5.2 检查理解情况——反思

题型	题目	答案
单项选择题	1. 从下列选项中选出你应该进行反思的时刻 a. 当我成功达到既定目标之后 b. 当我在监控和调整自己的计划时 c. 当我制订计划的时候 d. 包含以上所有选项	
	2. 从下列句子中选出准确地描述了反思的目的的一项 a. 找出自己所犯的所有错误 b. 只关注自身的优势，以促进自己在这方面的持续成长 c. 自我评估以明确对自己有效的方法，并为未来的规划设定明确的努力方向 d. 预见可能会出现的问题，以便事先避免	
对错判断题	3. 在反思时，将自己的表现与他人进行比较是至关重要的，这样我才能更好地知道自己是否付出了足够的努力	
	4. 在我实现了目标之后，反思是最重要的。如果我放弃了目标，那么就没有必要进行反思了	
	5. 我不需要通过考试成绩来反思自己的备考情况	

引导式合作学习

场景导学活动涵盖了青少年可能会遇到的一系列情况。通过这些合作学习活动，学生可以更深入地理解自我调节的概念。你的目标是帮助学生确定与各种情况相对应的反思方法与结果。

活动 58：阿娃反思自己的精力

在活动 19 中，我们了解到阿娃实施了一项提升精力的计划。在同一场景（该场景将在后面的活动中再次出现，也可以从附录 C 中复制获取）中，引导学生讨论阿娃是如何审视自己为实现目标所采取的行动的。尽管在这一场景描述中并未直接出现“反思”一词，但阿娃显然对健康饮食进行了一些认真思考。用下列问题来启发学生：“阿娃注意到了自身的哪些行为？她在思考些什么？”要求学生逐句阅读，为阿娃绘制思维气泡图（thought bubble），并对其进行批注。例如，在读完第一句话之后，学生可能会在思维气泡中写下“我感到毫无精力”或“我希望我没有在垃圾食品上花那么多钱”。

场景

阿娃总是感到疲惫不堪，每天会花很多钱购买功能饮料和饼干，并将其作为日常午餐。这导致她每天下午都会在代数课上昏昏欲睡，总体上感觉不适。为了改善健康状况，她决定调整饮食，选择低糖、尽量少加工的食物，增加蛋白质、水果和蔬菜的摄入。她不再购买任何功能饮料，而是为自己制订了一份涵盖早、中、晚三餐和零食的食物清单（她参照了一个营养指导网站，确保这份食物清单能帮助自己实现健康饮食的目标）。她与家人分享了这份饮食计划，并请求妈妈不要再购买饼干。为了更好地跟踪自己的饮食习惯，她使用了一款应用程序来记录每天的食物摄入量。然而，在一个周末聚会上，阿娃没能抵挡住诱惑，吃了不少薯片和饼干。于是，她决定今后在包里常备燕麦棒和干果，这样在参加聚会时，她就有更健康的替代选择。阿娃每天都会查看应用程序中的数据，了解自己摄入的营养成分是否符合每日推荐量，并思考自己的饮食均衡是否符合自己制订的食物清单。她还使用了一个打印的日历，根据每天的努力程度给自己打分（1~5 颗星），并记下自己的成功或挑战。每周，阿娃都会反思自己的饮食习惯，看看哪些方法行之有效，哪些方法需要改进，然后相应地调整自己的饮食计划。现在，阿娃感觉自己更有精力了，在代数课上也不再打瞌睡，总体上感觉更健康了。

在活动结束时，询问学生阿娃在何时进行了反思。确保学生明白，阿娃在制订计划之前、之中以及实施计划的各个阶段都进行了反思。同样，在自我调节的过程中，我们也应该做好全程反思。

活动59：反思利维的公共演讲

让我们重新审视有关利维的场景。如果你之前没有使用过活动22和活动36，不必担心，以下场景为本次教学活动提供了所需的全部信息，你可以从附录C中复制获取这个场景。以小组为单位，让学生针对场景末尾的问题进行探讨。鼓励学生具体问题具体分析，并至少提出五个利维可以自问的问题。例如，他可能会问自己："进行深呼吸是否能帮助我感觉更平静？"

场景

你的朋友利维正在参加一门公共演讲课程。他深知在自己未来的职业生涯中需要在公共场合发表演讲。然而，他面临着一个问题：每当在众人面前演讲时，他都会感到极度焦虑。这种焦虑导致他手心出汗、口干舌燥，进而使得他的演讲语速过快、缺乏情感。为了解决这个问题，利维制订了一个计划，以增强自信并减少演讲时的焦虑感。他遵循了这个计划，包括在家人面前多次练习演讲，每次练习演讲前做深呼吸，中间停顿以提醒自己放慢语速并注入感情以及反复默念"我已经为这次演讲做好了准备。我能做到！"昨天，利维成功地完成了他的演讲。由于这是一门公共演讲课程，下一次的演讲任务已经布置好了。为了成功掌控下一次演讲，利维在制订计划时应该考虑哪些因素？

让各小组相互配对，分享他们各自提出的问题，并就所给场景开展进一步的讨论。最后，引导学生回顾并反思他们尝试过的缓解焦虑的方法，并探讨有效减轻焦虑的策略。

活动 60：为顶点项目做准备

如果贵校要求开展一个顶点项目、“天才一小时”项目或毕业项目，请在本活动中使用该项目的详细信息。如果长期项目并非贵校的毕业要求，请使用下面的场景，你也可以从附录 C 中找到并复制这个场景。让学生根据他们在项目中可能会重点关注的学科（数学和科学、工程、语言艺术、艺术和音乐等）组成小组，然后确定他们在为顶点项目做准备时将如何进行反思。他们会思考过去的哪些经历？他们会问自己哪些问题？这些信息将如何影响他们制订和项目有关的自我调节计划？

场 景

为了毕业，你必须成功完成一个顶点项目，以展示自己所掌握的知识和技能。该项目预计需要大约 6 个月时间才能完成，其中包括研究、概述项目过程的作品集以及展示成果的最终产品。当你准备接手这个项目时，你会如何反思自己的优势和过去遇到的挑战？

让各小组与全班同学进行简短的分享。针对每个小组的分享，提供具体的表扬和反馈。在讨论结束时，询问他们是否认为在项目的开始阶段进行反思有助于他们更成功地完成顶点项目。

活动61：情景判断测验

让学生独自阅读下列场景并回答问题。下述场景会在后续章节中持续出现并有相应扩展，学生需要在先前答案的基础上回答相关问题。附录A提供了一份包含所有情景判断测验的可复制表单。

场 景

健康课上，亚历克斯和他的同学们了解到每天适量喝水的好处。亚历克斯认为他没有喝足够的水。

写出三个可供亚历克斯引导自己开展反思的问题。确定亚历克斯何时以及如何反思自己的进展与行动。

查看每个学生的答案，以评估反思是否经常进行，是否超出了监控的范围。问题的示例可能包含以下内容：

- 我的饮水量对我的情绪有何影响？
- 在我饮水充足的日子里，我是如何取得成功的？
- 在我饮水不足的日子里，我错过或忘记了哪些事情？
- 总体而言，通过增加饮水量，我的健康状况是否有所改善？

亚历克斯可以通过日志进行每日反思。

反馈式自主实践

通过自主实践，学生能够将所学知识应用到自己的工作中。这不仅可以提高技能掌握的熟练度，而且可以为形成性反馈和指导提供机会。通过这些教学活动，你的目标是让学生在自我调节的全过程中进行自主反思。

活动62：给未来的自己写一封信

让每个学生回想自己曾经取得的一项成就或完成的一项艰巨任

务。如果学生在提供例子方面存在困难，你可以分享以下例子来帮助他们拓展思路。

- 努力完成一个项目并深入学习其中的内容。
- 通过练习技能来改善自己在体育或艺术活动方面的表现。
- 通过研究或观看视频来学习如何完成某项任务，然后按照指示完成任务。
- 通过思考并按照指示更换自行车或汽车的部件。

鼓励学生写一封信或创作一段视频，以便在遇到挑战时能鼓励自己。在信中，他们应描述当时的处境，反思自己遇到的挑战，并指出如何克服这些挑战。他们还应描述实现目标时的感受，并鼓励自己，以便能够完成其他具有挑战性的目标。

在结束之际提醒学生，此项活动实际上是关于自我反思的。自我反思意味着花时间思考自己为了实现目标、成长或学习所做的努力。在开始一项复杂的任务或项目之前，不妨让学生阅读他们写给自己的信，以此培养成长型思维，为迎接挑战做好准备。

教师的话

现在，学生会更多地讨论他们需要为自己做些什么。他们不应该依赖教师来确保完成任务，而是要由他们自己来主导；他们不仅要完成任务，还要回过头去反思自己在做什么。

——贾妮尔，代数教师

活动 63：反思学习

在进行测验时，可以在测试题中添加下列问题（前两个问题放在试卷开头，第三个问题放在结尾），引导学生进行反思。

- 你觉得自己这次考试的准备情况如何？
- 你采取了哪些方法来学习相关材料和备考？

• 你对考试内容的理解程度有多深？你认为自己掌握了考试内容的百分之几？

这些问题能将学生的注意力集中在自己的学习上。

然后，当你返还已经评过分的试卷时，学生要回顾他们对上述三个问题的回答、自己的考试表现以及教师的反馈，然后回答下面三个思考题。

• 考得怎么样？客观报告事实。（学生总结自己在考试中的表现）

• 为何会如此？分析信息。（学生认真思考并总结自己对反思问题的回答、考试表现和教师的反馈）

• 今后怎么办？考虑未来的选择。（学生描述自己的主要收获或想法以及如何将其应用于今后的考试中）

这些问题能引导学生回顾自己的努力和教师提供的反馈，而非仅仅关注自己的成绩。定期进行这种反思有助于学生分析行动、学习和成绩之间的关系。

活动64：你的成功路线图

让学生思考与其学业或个人目标有关的自我调节努力（例如，他们在活动24或活动25中制订的自我调节计划）。鼓励学生绘制一张成功路线图，详细说明他们是如何朝着目标一步一步向前迈进的，同时记录他们在途中遇到的障碍和弯路。此外，引导学生在图中详细描述为实现目标所采取的调整措施。

在学生画好路线图后，让他们进行小组合作，描述他们在特定目标上取得改进的经过。提醒各小组要相互给予反馈，提供他们可以添加到路线图上的其他细节。仔细查看每个学生绘制的路线图，并提供具体的反馈，包括你观察到的学生取得的进步以及学生今后可能会考虑的问题（例如，你是否考虑过……）。鼓励学生定期查看路线图并补充信息，以丰富这一教学活动。

本章小结

尽管反思对我们来说可能极具挑战性，但它是自我调节的一个关键要素，贯串于实现目标的全过程。章末的教学规划工具能为您的教学提供明确指引。如果忽视反思，我们就会失去关键的洞见和理解，而这些洞见和理解有助于我们更高效地完成活动、实现目标。和自我调节的其他要素一样，反思是一组技能，可以通过不同场景、情境以及真实生活中的应用来加以学习和实践。通过这些活动，我们不仅能增强自我意识，还能更好地应对未来的挑战性任务。

为了引起学生的共鸣，你可以选择编写小故事或调整活动。接下来，要考虑如何给学生提供持续的实践与反馈。选择适当的教学活动，以帮助学生实现起始教学、引导式合作学习和反馈式自主实践的学习目标。

教学规划工具

起始教学：学生能够阐明反思的目的、反思的方法以及反思是如何促进自我调节的	
教学活动	笔记与调整
活动53：我们为什么要反思？ 活动54：不顾进展的赛跑 活动55：反思我们的思维方式 活动56：反思的方法 活动57：检查理解情况	
引导式合作学习：学生能够确定与各种情况相对应的反思方法与结果	
教学活动	笔记与调整
活动58：阿娃反思自己的精力 活动59：反思利维的公共演讲 活动60：为顶点项目做准备 活动61：情景判断测验	
反馈式自主实践：学生能在整个自我调节过程中进行自主反思	
教学活动	笔记与调整
活动62：给未来的自己写一封信 活动63：反思学习 活动64：你的成功路线图	
你将如何针对每个学习目标提供持续不断的实践	
你将在何时以及如何向每个学生提供反馈	

第六章 CHAPTER6 将计划、监控、调整和反思统整起来

正如我们在第一章中所描述的那样，自我调节是一种复杂的内部心理过程，该过程与元认知、动机、行为和情绪反应管理等密切相关。为了有效地进行自我调节，我们必须制订计划、实施监控、及时调整并自我反思。如果只制订计划而不进行监控，我们就无从得知自己是否取得了进展。如果不进行反思，我们就无法提高自我意识，也无法将对自身的了解应用到未来的工作中。自我调节的四个要素共同构成了一个动态的、循环的自我完善过程，引导我们通过有计划的任务和行为来逐步实现目标。通过自我调节，学生可以提高自我意识，增强自我效能感，并运用各种技能使自己坚持不懈地实现目标（Schunk et al.，2018；White et al.，2018）。

教师的话

既然我们已经教授了自我调节的方法，学生就更易于设定目标、遵循步骤，并根据实际情况不断调整他们的计划，以实现自己的目标。

——戴维（David），校长

虽然学生可能会在某种特定的情境中理解并运用自我调节的过程，但这并不必然意味着他们在所有的情境中都能有效地应用自我调节策略，从而将这种能力泛化。在多元情境中进行刻意练习并接

受持续反馈，能帮助学生理解并运用自我调节的概念。我们可以将迄今为止的教学程序比作驾驶教育：学生了解道路规则，并且很有可能会通过笔试环节，但他们仍然需要一定的机会在实际情境中应用所学知识，这样才能成为真正熟练的驾驶者。类似地，当学生经常使用自我调节来实现各种目标时，他们就会积累必要的经验，从而有能力将这些技能运用在学业、社交和个人事务的处理过程中。

让我们再次回到库珀老师的课堂。

库珀老师的研究项目

经库珀老师同意，我们调整了前几章中描述的库珀老师英语课堂的故事，以精简内容并突出关键的教学实践。事实上，库珀老师最近开始在她的课堂上教学生写研究论文的摘要，并要求学生在这方面使用自我调节策略。她让全班同学一起为第一篇论文摘要制订自我调节计划，然后在开始写研究论文之前，让学生负责另外两篇论文摘要的撰写，以此逐步扩大学生的学习责任。通过这种方式，她为学生的学习搭建了支架。正如我们在前几章中所描述的那样，库珀老师在学生撰写研究论文期间，促进了他们对自我调节的实践运用。她发现，学生不仅肩负起了额外的学习责任，而且通过一轮又一轮的计划、监控、调整和反思的循环，他们的学业成绩也有所提高。在反思自我调节教学的作用时，库珀老师指出，根据评分标准来看，学生的论文质量比往年更高，他们的作业完成情况也得到了普遍改善。在150名学生中，只有5名学生没有按期完成，这一统计数据和前几年相比有了很大改善。

不妨把教授自我调节想象成执教高中足球队：学生可能会从二队升到一队，但这并不意味着他们不再需要足球教练的指导。事实上，在掌握基本技能后，人们花在练习上的时长往往会有所增加。克利里、哈德温和哈克斯（Cleary et al., 2009; Hadwin et al., 2018; Harks et al., 2014）等人认为，与教练执教球队类似，教师的评分实践和反馈会影响学生对自我调节策略的使用。回顾到目前为止的自我调节教学，我们不难发现学生现在已经能够清楚地阐释自我调节的各个要素了。接下来，他们需要将这些技能和概念结合起来，提高自己在各种情景下使用自我调节策略的熟练程度。本章呈现的教学活动旨在增强学生以下几方面的能力：（1）分析为自我调节付出的努力；（2）确定运用自我调节知识的机会；（3）制订自我调节计划，从而在学习上获得更大的自主性。

教学活动大纲

★**起始教学**：目标是让学生不仅能够清晰地阐述自我调节的各个要素，还要能理解自我调节在当下以及未来所能带来的好处。

活动 65：自我调节的要素

活动 66：自我调节的好处

活动 67：检查理解情况

★**引导式合作学习**：目标是让学生分析各种情况，并确定如何改进自我调节的各个要素。

活动 68：找出学业自我调节中的缺失要素

活动 69：缺失要素对阿娃精力的影响

活动 70：伊莱贾（Elijah）的考前复习

活动 71：指导他人

活动 72：情景判断测验

★**反馈式自主实践**：目标是让学生分析自己的自我调节习惯和知识，然后将自我调节过程应用于自己的事务中。

活动 73：再次评估你的自我调节能力

活动74：分析结果

活动75：制订成功计划

起始教学

通过这些活动，学生能够掌握关键概念，将所学内容与生活实际相结合，并构建共享的词汇系统。你的教学目标是让学生能够阐明自我调节的各个要素，并引导学生理解自我调节在当下和未来能给他们带来哪些好处。

活动65：自我调节的要素

如果你在教室里贴了自我调节海报（图1.2），请将其遮盖起来，然后再开展此项活动。首先，问学生能否在没有视觉提示或询问朋友的情况下，准确说出自我调节的要素。告知学生，他们可以用举起的手指数量来表示他们能说出多少个要素。然后，依次点名让学生分享一个要素，直到学生说出所有的要素为止。

接下来，请每个学生思考为什么自我调节中的计划这一要素很重要，以及在他们的自我调节努力中缺少了这一要素可能会产生哪些影响。使用“思考—结对—分享”的教学模式，给学生提供足够的课堂时间进行思考。每个人都需要提出自己的观点，然后与同伴分享。鼓励学生自愿或分组向全班同学分享他们的想法。接着，对其他三个要素（监控、调整和反思）也重复类似的“思考—结对—分享”的教学过程。在活动结束时，强调自我调节的四个要素是必不可少的，如果忽略或跳过了任意一个要素，我们都可能无法实现既定目标（Noonan & Gaumer Erickson，2018）。

活动66：自我调节的好处

提醒学生，自我调节能力对他们的整个人生都至关重要，而不仅仅局限于学校教育阶段。请学生集思广益，思考他们所知道的成年人进行自我调节的方法。若有必要，可以给出一些其他的例子（比如按时上班、保持锻炼、健康饮食、时间管理、存钱、在情绪低落时保持语调平稳等），强调自我调节不仅对学业成功至关重要，而且对成年后的生活也同样重要。

表6.1列出了一些自我调节所支持的特定能力——随着自我调节技能的提高，我们发展和维持这些特定行为的能力也会有所提高（Gaumer Erickson & Noonan，2019）。让全班一起讨论表中所列能力与自我调节的关系，并将这些想法添加到中间一栏。鼓励每个学生独立填写第三栏，并思考每一项列出的能力对他们现在或未来有多重要。

然后，让学生独立完成表6.1的最后四行，以探索自我调节有助于他们发展的其他能力或行为。如果学生难以提供更多的想法，可以建议他们考虑以下能力：精打细算（stick to a budget）、发现并申请特定机会（如工作或奖学金）、平衡工作和社会生活、提高运动水平。鼓励学生相互分享他们的想法。

教师的话

我们的很多学生在完成课外或实习任务时会很吃力，这是因为他们没有提前做好计划。对我来说，这是一个很好的教育机会，也给我提供了绝妙的教学工具，让我得以告诉这些孩子为什么自我调节在整个学期中都很重要，以及他们如何能更好地使用其中的一些工具来帮助自己实现目标……现在，学生正在运用实习课上学到的自我调节知识，并将其运用到其他课程的学习中。

——格雷格（Greg），高中实习协调员

表 6.1　自我调节的好处

我能……	这种能力与自我调节有什么关系	为什么这种能力对我当下和未来的生活都很重要
1. 控制我的脾气（调节我的愤怒反应）		
2. 保持健康行为（比如，多吃健康的食物或在合理时间内就寝）		
3. 计划并完成一个长期项目		
4. 守时		
5. 按时完成（任务）		
6. 学习一项技能		
7.		
8.		
9.		
10.		

活动 67：检查理解情况

使用答题卡或在线测验平台，让学生独立地将表 6.2 中显示的每个行为与自我调节的相应要素匹配起来。查看学生的回答，确保他们理解自我调节的各个要素。若有必要，请重新进行教学。（表 6.2 的答案：1. 调整；2. 监控；3. 反思；4. 计划；5. 反思。）

表 6.2 检查理解情况——自我调节的要素

行为	要素
1. 在意识到仅仅阅读章节摘要并不能帮助自己的学习后，改变你的学习方法	计划 监控 调整 反思
2. 向朋友汇报你每天的进展	计划 监控 调整 反思
3. 思考成功、挫折和你所学到的具体内容	计划 监控 调整 反思
4. 根据截止日期逆向规划你的时间表	计划 监控 调整 反思
5. 在设定新目标时，回顾自己过去所付出的努力（比如哪些方面做得好，哪些方面有待改进）	计划 监控 调整 反思

引导式合作学习

场景导学活动涵盖了青少年可能会遇到的一系列情况。通过这些合作学习活动，学生可以更深入地理解自我调节的概念。你的目标是让学生分析各种情况，并确定如何改进自我调节的各个要素。

活动 68：找出学业自我调节中的缺失要素

师生共同查看表 6.3 中的示例场景。教师需要向学生说明如何按照从 1 分（弱）到 5 分（强）的等级对每个要素进行评分，简要说明评分依据，并给出一项相应的改进建议。然后，让学生分组阅读、讨论表 6.4 中的示例场景，并针对自我调节每个要素的处理情况进行评分，并简要说明评分理由。接下来，让学生集思广益，共同探讨改进每个要素的策略。

无须担心学生对每个要素的评分是否会有所不同，只要他们能为自己的评分做出合理的解释即可。以米娅（Mia）的场景为例，她的计划可能足以应对漏交的作业，但并未将备考纳入自我调节的范畴。即使学生给某个要素的评分很高，他也应该能找出改进这一要素的方法。

表6.3　找出缺失要素——示例场景

示例场景	说明项	计划	监控	调整	反思
杰登（Jayden）需要在三周内写完一篇论文。由于他上一次做类似作业的时候，直到交作业的前一晚才匆忙完成，导致成绩不理想，所以这次为了把任务完成，他制订了一个自我调节计划。他表示："我会将作业分成几个基本部分（确定选题、列出论文大纲、撰写辅助段落、撰写引言和结论、进行必要的修改、完成终稿），并估算每个部分所需的时间。然后，我会倒推时间，为每个部分设定一个截止日期。在写完这篇论文后，我会对论文的质量进行反思。"	对场景中每个要素的处理情况进行评分（1＝弱，5＝强）	3	1	1	2
	对评分进行简要说明	它涵盖了一个计划的起始环节（明确项目完成的步骤、为每个步骤设定截止日期），但这并不是一个实施这些步骤的完整计划	在杰登的计划中，没有包含任何监控进展或行动的内容	杰登缺乏对于潜在挑战的思考，或缺少根据需要进行必要调整的想法	杰登仅仅在最后对论文终稿进行了一次反思
	改进该要素的一个方法	安排好写论文的时间	每周监控两次，检查每项任务的完成情况，并列出保持专注的策略	提前预测潜在的挑战，并撰写相应的"如果X，那么Y"语句（例如，如果我在选题时遇到困难，那么我会主动向老师寻求指导）	在任务进行中和完成后，定期反思进展情况、有效的策略和无效的策略

表 6.4 找出缺失要素

场景	说明项	计划	监控	调整	反思
米娅非常想提高自己在美国历史（American History）这门课上的成绩。她表示："我需要提高我在美国历史课上的成绩。为此，我制订了以下计划：首先，我会弄清楚自己是否有任何漏交的作业，如果有，我会尽快补交；然后，我会专注于下周一的考试，争取取得好成绩。"米娅写下了所有漏交的作业，并在完成一项后将其从清单上画掉。周二，米娅进行了反思，她确实补交了所有漏交的作业，但周一的考试成绩很差，她不知道自己哪里出了问题	对场景中每个要素的处理情况进行评分（1＝弱，5＝强）				
	对评分进行简要说明				
	改进该要素的一个方法				

活动 69：缺失要素对阿娃精力的影响

让我们再次回到阿娃想要提升精力的场景。如果你没有完成活动 19 或活动 58，没有关系，下面的场景提供了进行本次活动所需的全部信息，你也可以从附录 C 中复制获取。使用拼图分组策略（jigsaw strategy），将每 4 名学生组成一个原始小组。与学生分享下述场景，并解释该场景涵盖了自我调节的四要素。然后，给每个专家小组指定自我调节的四要素（计划、监控、调整或反思）中的一个。这些专家小组需要就以下话题展开讨论：如果在阿娃的自我调节中缺失该要素，可能会产生哪些影响。接下来，他们应回到各自的原始小组，由每个要素的专家讲述缺失该要素的影响。原始小组再讨论将四要素都纳入自我调节工作的重要性。

场 景

阿娃总是感到疲惫不堪，每天会花很多钱购买功能饮料和饼干，并将其作为日常午餐。这导致她每天下午都会在代数课上昏昏欲睡，总体上感觉不适。为了改善健康状况，她决定调整饮食，选择低糖、尽量少加工的食物，增加蛋白质、水果和蔬菜的摄入。她不再购买任何功能饮料，而是为自己制订了一份涵盖早、中、晚三餐和零食的食物清单（她参照了一个营养指导网站，确保这份食物清单能帮助自己实现健康饮食的目标）。她与家人分享了这份饮食计划，并请求妈妈不要再购买饼干。为了更好地跟踪自己的饮食习惯，她使用了一款应用程序来记录每天的食物摄入量。然而，在一个周末聚会上，阿娃没能抵挡住诱惑，吃了不少薯片和饼干。于是，她决定今后在包里常备燕麦棒和干果，这样在参加聚会时，她就有更健康的替代选择。阿娃每天都会查看应用程序中的数据，了解自己摄入的营养成分是否符合每日推荐量，并思考自己的饮食均衡是否符合自己制订的食物清单。她还使用了一个打印的日历，根据每天的努力程度给自己打分（1~5颗星），并记下自己的成功或挑战。每周，阿娃都会反思自己的饮食习惯，看看哪些方法行之有效，哪些方法需要改进，然后相应地调整自己的饮食计划。现在，阿娃感觉自己更有精力了，在代数课上也不再打瞌睡，总体上感觉更健康了。

活动70：伊莱贾的考前复习

以下场景提供了一份为准备期末考试而制订的详细计划，该场景可从附录C中复制获取。请学生分组讨论伊莱贾所面临的情况，列出他是如何处理自我调节的各个要素的，并集体讨论如何改进他的计划。

场景

伊莱贾想在生物期末考试中获得B等级的成绩。他表示："我会创建一个学习时间表，每晚完成导学案的两个部分，五天内完成整份导学案。在填写导学案的时候，我会把所有不熟悉的术语制成抽认卡①。接下来，我会复习本学期以往的所有考试题，并订正做错的题目。我还会对所有词进行自测。最后，我会复习每个概念的所有图表，记下自己遇到的任何问题，并向在生物学方面很擅长的朋友利亚姆（Liam）请教不懂的内容。我已经有了计划，所以我认为自己会在期末考试中取得好成绩。"两天后，伊莱贾查看了自己的计划，并反思了自己的表现："嗯，我只完成了导学案的一个部分，而且我没有为已完成部分制作任何词汇抽认卡，因为我没有索引卡（index cards）。我需要做一些调整。今天回家前，我会从学校商店买一包索引卡。我会复习已经完成的那个部分，看看有没有生词，然后为这些生词制作抽认卡。接下来，为了赶上进度，我今晚会完成第二部分和第三部分的全部内容，以及第四部分的一半内容。明天，我将完成第四部分剩下的内容，同时开始做第五部分和第六部分。我也会确保词汇抽认卡的进度。这样，我就能回到正轨了。"

最后，教师需要组织全班进行总结汇报，请每个小组详细介绍他们对这一场景的看法。在活动结束时，再次强调四大要素对成功进行自我调节都至关重要。

① 抽认卡（flash cards），也称闪卡，是一小张纸片，在上面记录词汇、历史事件时间、公式等，在学校里用于辅助教学。

教师的话

我发现，在大多数情况下，学生的自尊心更强了，这是因为他们觉得自己可以更好地支配学习环境。通过制订计划并不断改进，他们能够取得更高的成绩，并获得更多的生活自主权。

——尼古拉斯（Nicholas），特殊教育教师

活动71：指导他人

本活动旨在让学生通过制作视频来向其他学生传授自我调节的方法。向学生说明，这些视频未来有可能作为教授自我调节知识的教学工具在课堂上使用。鼓励学生分组合作，发挥创意——视频形式可以是真人实拍、动画或配音。每个视频必须包含一个场景，且这一场景必须涵盖自我调节的四个要素。

以下为学生视频脚本的示例。在该示例中，伊齐（Izzy）对自我调节进行了讲解，并展示了如何运用各个要素来提高篮球水平。

自我调节是一个积极主动、自我导向的过程，可以帮助我们实现目标、学习技能、管理情绪和完成任务。“积极主动”意味着提前规划，而不是到最后一刻再做打算。“自我导向”则强调依靠自身而非外力来驱动自己开展行动。“过程”指在一段时间内将各种行动综合在一起，朝着目标不断前进。换言之，自我调节过程既是我们真正实现目标的地方，也是我们持续努力的方向。

自我调节可以适用于生活的各个领域，包括学习、运动、工作、家务和情绪管理。例如，如果你是一名篮球运动员，在上一场比赛中的罚球命中率只有25%，那么自我调节可以帮助你提高罚球命中率。你可以规划专门用于罚球的练习时间，并在每次练习结束后监控自己的实际练习时间和罚球命中率（在10次罚球中投中了多少个）。如果你的进步不如预期，可以向队友或教练请教，并调整练习

计划。与此同时，你还要反思自己为提高罚球命中率和改善比赛表现所付出的努力。

在制作视频之前，让学生互相审阅彼此的大纲或脚本，并提供包括表扬、建议等在内的反馈。在给出反馈时，学生需要考虑以下三个问题。

- 这个场景真实吗（这真的会发生吗）？
- 它是否涵盖了自我调节的四个要素？
- 它有趣吗？其他同学可以从中学到东西吗？

学生完成视频制作后，请组织全班同学共同观看。可以考虑分时段观看这些视频，并将其作为复习活动，在每节课上播放并讨论一个视频。

活动 72：情景判断测验

请学生独自阅读下列场景并回答问题。下述场景会在后续章节中持续出现并有相应扩展，学生需要在先前答案的基础上回答相关问题。附录 A 提供了一份包含所有情景判断测验的可复制表单。

场 景

健康课上，亚历克斯和他的同学们了解到每天适量喝水的好处。对此，亚历克斯认为自己没有喝够水。

回顾自己为亚历克斯多喝水而制订的计划。既然你对自我调节四大要素的重要性有了更深的了解，那么你会在他的计划中添加哪些内容？

分析每个学生的回答，寻找其中有关改进计划、监控、调整和反思的详细描述。为每个学生提供具体而有建设性的反馈。

反馈式自主实践

通过自主实践，学生能够将所学知识应用到实际工作上，从而提高技能掌握的熟练度，并为形成性反馈和指导提供机会。你的教学目标是帮助学生分析自己的自我调节习惯和知识，然后将自我调节的过程运用到自己的事务中。

活动73：再次评估你的自我调节能力

既然学生已经掌握了自我调节的相关知识，可以邀请他们再次完成自我调节问卷与知识测验表（详见附录B）。你可以选择把问卷和试题打印出来，让学生以传统的纸笔考试形式完成评估。如果学生能直接以数字化方式完成测试，评估效果会更好。如果需要进行在线答题，请重新登录你在相关网站上创建的免费账户，并遵循网站指示进行操作。通过该网站，学生应能在完成测试后立即收到一份答题结果的汇总摘要，教师则可以查看全班的综合结果、单个学生的汇总摘要以及完整的数据文件。

若你决定通过在线答题的形式让学生填写自我调节问卷与知识测验表，请确保向他们提供测试链接和代码。如果条件允许，提供在线答题链接会更节省时间。在开始答题前，请务必提醒学生输入自己的学生编号。我们也可以给每个学生分配一个特定编号，这样教师便可以追踪并查看每个学生的答题结果。请务必提醒学生，在完成测试后要在成绩界面上停留一会儿，以便进行本活动的下一环节。

告诉学生，对于第1~28题，在阅读每个问题时都应稍做停顿，回忆一下过去几周的经历，并思考自己在不同情景下进行自我调节的效果。例如，他们可能会思考自己按时提交课程作业的频率，或者个人目标的达成情况，如省钱、提高运动水平或学习新技能等。

向学生解释，第29~49题旨在评估他们对自我调节概念的理解程度以及在特定情境中实现有效自我调节的潜在方法。测试结果将帮助学生更好地了解自己当前的自我调节方式，并衡量他们对自我调节概念的掌握程度。请确保给予学生足够的时间完成测试（10~15分钟）。

学生完成测试后，系统应会自动显示一个结果页面。基于这些结果，让每个学生填写表6.5、表6.6。自测分数将以百分制的形式呈现，因此可以将其解读为百分比（类似于对分数的解释）。知识分数分将显示为20道知识测验题的总得分。学生可以将正确答案的数量除以20然后乘以100来计算他们的正确率。

查看每个学生的结果汇总，并提供反馈和鼓励。你可以使用网站上的教师视图功能来查看学生的个人成绩以及全班的总体表现。为此，你需要重新登录在相关网站上创建的账户，再遵循网站指引，找到相应测试，最后单击鼠标进入教师视图。在这里，你将看到学生在各个要素和整体上的得分汇总图以及他们对自我反思题目的具体回答情况。接着，你还会看到每道题目学生回答正确的百分比以及该题的班级平均得分。请仔细分析这些结果，确定哪些概念需要重新讲解。

请注意，自我调节问卷与知识测验表是一种形成性评估工具，用于指导教学和促进学生反思。在解读这些结果时。请结合其他可靠的数据来源，以判断学生是否需要通过进一步的教学或有针对性的练习来巩固所学知识。

表 6.5　我的自我调节后测结果（1）

要素	自测分数（来自图表）	从 1（最高）到 4（最低），对四大要素进行排序。如果两个要素的得分相同，选择你认为较高的那一个	针对每个要素，列出一道能凸显自身优势的题目	针对每个要素，列出一道能体现自身有待改进之处的题目
制订计划				
监控计划				
调整计划				
反思什么有效，什么需要改进				

表 6.6　我的自我调节后测结果（2）

知识分数	计算得出的百分比	答对的一道题	答错的一道题
______/20			

学 生 的 话

我刚刚完成了后测，正确率是 100%。与刚开始参与这些活动时相比，我现在显然对自我调节有了更深入的了解。我的自测图表显示，我已经能够在日常生活中持续稳定地展现自我调节能力。我相信，自我调节是一项对所有青少年和成年人都有益的技能。

——一个十一年级学生

活动 74：分析结果

对于学生而言，通过比较自己的前测和后测数据来反思学习情况是极其有益的（前测成绩已记录在表 1.4、表 1.5 中）。我们需要向学生解释，他们目前对每个要素的自测分数可能会低于前测。温尼（Winne，2018）认为，这可能是因为学生对自己和自我调节有了更深入的了解，因此现在能够更准确、更严格地评估自己的表现。知识测验部分的分数（满分 20 分）能够在一定程度上反映学生的学习情况，学生在自我调节各项要素上的自测分数则可以揭示他们对自己当前行为的看法。

让学生根据表 6.5、表 6.6 的结果，以书面或视频记录的形式回答下列三个问题，进而对自我调节问卷与知识测验表的结果进行深度反思。

- 是什么（What）？客观地报告你在前测和后测中的得分情况，并说明你以前不理解但现在已经理解的概念。
- 为什么（Then what）？分析你的测试结果，并总结它对你作为一个学生（你的教育追求）和个人（你的社交和工作追求）而言意味着什么。
- 怎么办（Now what）？考虑未来的选择。在接下来的一年里，你将如何使用所学到的自我调节知识？五年之后，你又将如何使用呢？

审阅学生的回答，并针对每个学生给予具体的表扬，重点夸赞你所观察到的他们在自我调节上的成就或进步。

教师的话

学生已经认识到自己能够完成多少任务以及他们所拥有的掌控权有多少。在这个项目中，学生的投入远远超过了我之前给他们的要求。同时，他们也更认真地对待团队合作。

——谢利（Shelly），语言艺术教师

活动 75：制订成功计划

现在，学生需要将所学知识融会贯通，制订并执行自己的自我调节计划了。正如本章开头所述，学生需要在多种情景和各种目标下进行实践运用。作为教师，你可以引导学生使用自我调节策略来实现各种不同的目标（例如项目、考试准备和日常学习行为）。同时，你也可以利用自己所处的学习共同体，在个人、社交、课外或择业等方面的自我调节上与共同体成员相互支持。

在学生确定了自己想要实现的目标或结果后，就可以鼓励他们制订自己的自我调节计划模板。这个模板需要囊括自我调节的四个要素（附录 D 提供了一个示例模板）。你可以鼓励学生回顾表 5.1 中的反思问题，引导他们制订计划。同时，鼓励学生们集思广益，分享自己的计划，并相互提供反馈（可参考活动 24，图 2.2）。当学生实施他们的计划时，教师需要定期提醒他们进行监控和反思，共同解决潜在的干扰和障碍，并确定调整措施；在学生开展自我调节的整个过程中，也要定期给他们提供反馈和鼓励。

继续利用你的课程内容和学校经验，为学生提供实践自我调节的机会，让他们对自己的学习和努力承担起更多的个人责任。使用来自后测和表现性评价的数据（见第七章表 7.1 和表 7.2），监控学生的成长，并确定需要重新教授的概念。当学生在自我调节中遇到困难时，可以问一些能引导他们思考的问题，并鼓励他们继续开展合作，集思广益。最后，别忘了提醒学生，每个人都可能会犯错或遭遇挫折——这就是为什么调整被视为自我调节的一大关键要素。

本章小结

教学生学会自我调节的任务并未就此完结，我们所有人都需要通过计划、监控、调整和反思，不断地践行自我调节。章末的教学规划工具能为教师开展教学提供明确指引。我们应该继续指导并促进学生进行自我调节，但无须再替他们进行调节。学生已经准备好通过持续的刻意练习，承担自我调节的个体责任，不断培养自己的能力，从而成为在社会和情感层面积极参与的、具备职业胜任力的终身学习者。

为了引起学生的共鸣，你可以选择编写小故事或调整活动。接下来，要考虑如何给学生提供持续的实践与反馈。选择适当的教学活动，以帮助学生实现起始教学、引导式合作学习和反馈式自主实践的学习目标。

教学规划工具

<table>
<tr><td colspan="2">起始教学：学生能清楚地阐述自我调节的各个要素，并明确自我调节对自己在现在和未来有何好处</td></tr>
<tr><td>教学活动</td><td>笔记与调整</td></tr>
<tr><td>活动65：自我调节的要素
活动66：自我调节的好处
活动67：检查理解情况</td><td></td></tr>
<tr><td colspan="2">引导式合作学习：学生能分析具体情景，思考如何改进自我调节的每个要素</td></tr>
<tr><td>教学活动</td><td>笔记与调整</td></tr>
<tr><td>活动68：找出学业自我调节中的缺失要素
活动69：缺失要素对阿娃精力的影响
活动70：伊莱贾的考前复习
活动71：指导他人
活动72：情景判断测验</td><td></td></tr>
<tr><td colspan="2">反馈式自主实践：学生能分析自己的自我调节习惯和知识，然后将自我调节的过程应用到自身的事务之中</td></tr>
<tr><td>教学活动</td><td>笔记与调整</td></tr>
<tr><td>活动73：再次评估你的自我调节能力
活动74：分析结果
活动75：制订成功计划</td><td></td></tr>
<tr><td colspan="2">你将如何针对学习目标提供持续的实践机会</td></tr>
<tr><td colspan="2">你将在何时以及如何向每个学生提供反馈</td></tr>
</table>

第七章 CHAPTER7 评估自我调节能力的发展

让我们稍停片刻，思考一下：作为教师，你为什么要教导学生更好地进行自我调节呢？你期待自己的教学努力能带来什么样的好处或结果呢？我们的首要目标是让青少年能够在当前和未来的生活中，将自我调节技能普遍运用到教育、就业和社区生活等诸多领域中。为了实现这个目标，我们需要确认学生正在学习相关概念，并在连续的独立学习过程中逐渐提高胜任力。一个人如果想变得有胜任力，就必须熟练地掌握和运用一整套的技能，并能根据不同的情景或目标，确定在何时以及如何应用和调整自我调节的技能。作为教育工作者，我们要给学生逐步提供具有挑战性的践行机会，以助推学生自主且灵活地应用所学（图 7.1）。

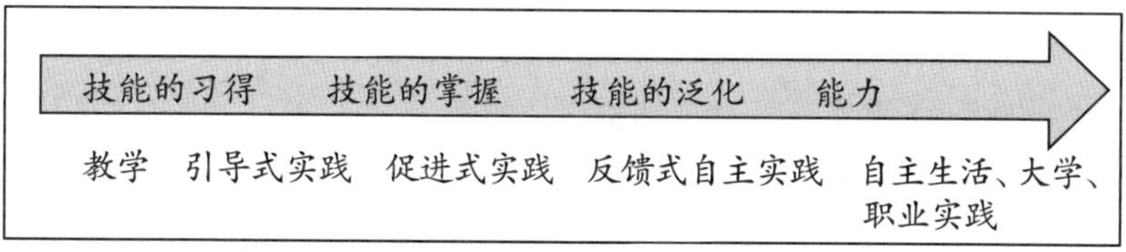

图 7.1　能力发展的序列

自我调节能力强的个体在学业、就业和人际交往等方面会表现得更出色。在学校中，这类学生的学业成绩普遍更优秀，同时他们在各类标准化测试中也能斩获更高的分数（Frey et al., 2018; Hattie et al., 2018; Zimmerman & Kitsantas, 2014）。这些学生善于调节自身的情绪反应（Ivcevic & Brackett, 2014），并善于把握学习的主动权（White et al., 2018）。当学生学会如何评估自我调节策略的有效性时，他们也能够更准确地将自己的成功归因于个人努力，由此形成某种良性循环，不断增强对自己的信心（Scholer et al.，2014；Zimmerman，2013）。为了实现这些目标，学生必须先掌握相关技能，然后不断提高技能掌握的熟练程度，最后将这些技能应用到更广泛的情境中。

评估的方法

可用于衡量学生自我调节能力的方法不胜枚举，其中许多已经被整合到本书前六章的教学活动之中。在本章中，我们将介绍一系列可用来指导教学的评估技术，并测定学生在不同时间和环境下的自我调节能力。本章围绕五个部分展开，每个部分都涉及对逐步深化的自我调节概念的评估。通过五个相对应的问题，我们所使用的形成性评估技术将依次聚焦于认知、知识、技能、应用和结果五个层面。

1. **评估认知（assessing perceptions）**：学生是否增强了自我意识，并能准确分析自己的自我调节能力？

2. **评估知识（assessing knowledge）**：学生是否在增加他们对自我调节概念的理解与掌握？

3. **评估技能（assessing skills）**：学生是否提高了他们在自我调节四要素上的技能？

4. **评估技能的应用（assessing application of skills）**：学生是否能在不同的环境和活动中做好自我调节？

5. **评估结果（assessing outcomes）**：随着学生自我调节能力的发展，他们在学习、行为和社会交往等方面的表现是否有所改善？

评估认知

学生是否增强了自我意识，并能准确地分析自己的自我调节能力？要回答这个问题，我们必须充分考虑学生的相关看法和反馈。活动 10、活动 73 所提及的以及附录 B 中所示的自我调节问卷，可以促使学生反思在学习环境中与自我调节相关的行为。该问卷包含 28 道自我报告题，遵循从“不符合我”到“很符合我”的评分标准，可以促使学生评估自己在自我调节不同方面上的相对优势和成长领域。通过反思自己在自我调节四要素题目上的综合评分及单项评分，学生能够增强自我意识，并更有可能采取行动来提高自己的能力。

初学者在知识和技能方面往往会表现出过度自信的倾向（Winne，2018）。然而，在学生充分掌握自我调节的技能后，他们就能更好地对自己的行为进行审视和评价。因此，我们在教学活动开始和结束时让学生填写自我调节问卷，并不是期待学生的评分能有所提高。与此相反，活动 10 中的自我调节问卷旨在促使学生思考与自我调节相关的行为，通过分析他们的自我报告数据，明确他们在自我调节方面的相对优势和需要重点提升的领域。在活动 73 中，我们的目的也是类似的，但随着学生对自己有了更深入的认识，评估结果也可以为持续的针对性练习和反馈提供信息。

自我调节问卷的填写可以在开始教学之前和学生学习了自我调节各大要素之后进行，也可以每年做几次，或者在情况发生变化时（如在不同学习方式之间转换时）填写该问卷，进而将学生的注意力重新集中到自我调节上。学生应该评估他们的自我评分，从而更好地了解自己在自我调节方面的个人优势，明确需要学习和改进的具体领域。

为了促进持续反思，学生可以经常使用活动 39 中的“努力与学习表”进行自我评估，表中的描述性评分标准有助于学生准确地评判自己在各种课堂环境中与努力和学习相关的行为表现。学生可以频繁地进行自我评估，甚至每天一次，并分析随时间变化的结果，以探究努力和学习之间的关系。

学生的话

学习自我调节帮我完成了任务，并且让我知道自己需要在哪些事情上做得更好。

——一个八年级学生

评估知识

学生是否提高了对自我调节概念的认识？为了检验学生的学习成果，本书设计了一系列教学活动，包括自我调节知识测验以及大量课堂活动，教师可以利用这些课堂活动衡量学生对知识的掌握程度，获取学生的学习数据，观察他们一段时间内的学习进展，并确定需要复习或重新教授的知识点。同时，自我调节知识测验还通过向学生提供他们的学习证据，来支持他们成为具备评估能力的学习者（Frey et al., 2018）。

自我调节知识测验是一种基于课程的评估方法，用于检验学生对自我调节概念的理解以及在应用这些概念时对最有效行动方案的选择和判断。该测试在活动10和活动73中有详细描述，并在附录B有所展示。测试题型包括单项选择题、是非判断题以及简答题等。你可以根据需要把知识测验用作前测（见活动10）或后测（见活动73）。通过比较学生在前、后测中的分数，教师可以了解他们的知识增长情况。此外，对测试结果的分析也可以帮助教师找出学生在哪些方面还存在误解，从而为额外教学提供学情依据。

除了自我调节知识测验，本书前六章的“检查理解情况”（活动5、18、31、45、57和67）环节，可用于评估学生对关键概念的理解程度。这些简短的形成性评估旨在引导学生评估自己对关键概念的学习情况。通过查看测试结果，教师可以决定是否需要提供额外的辅导。此外，教师还可以在学生进行讨论和阐述答题理由的整个过程中，对学生的知识掌握情况进行实时评估。这些非正式的评估方法，让及时纠正学生的错误或重新教学得以发生，在确定学生对概念的掌握情况方面，与传统的选择题等评估方式具有同等价值。

教师的话

我看到学生的自我调节能力有了很大的提高，他们不用别人告知就能意识到自己需要做什么。另一个有所改善的方面是，我的学生在行为举止上更为冷静规范——冲动行为减少到了最低程度。

——妮丽萨（Nerissa），特殊教育教师

评估技能

学生在自我调节四大要素上的技能是否有所提高？在本书的前六章中，我们设计了各式各样的引导式合作学习活动，以帮助学生提升在自我调节四要素上的技能。情景判断测验（见活动 9、23、37、50、61 和 72）是一个多环节的评估方法，贯串了前六章。附录 A 收录了所有的情景判断测验活动。顾名思义，情景判断是一种要求学生针对特定情景来确定最佳行动方案的评估方法。我们给定的场景主要涉及“喝足够的水”。教师可以通过修改场景或提示，来设计出更多的情景判断测验。

除了情景判断测验，每一章的引导式合作学习和反馈式自主实践活动都可以展现学生技能发展的情况。通过各种各样的合作活动，我们得以对学生的技能发展状况进行非正式评估。但是，当学生通过小组合作进行活动时，我们很难对单个学生的个体技能发展情况进行评估。因此，许多自主实践活动都要求学生将所学技能应用于自己的优先事项中，这样不仅可以拓展学习范围，还可以使学生的

学习更加个性化。这些活动共同提供了学生技能的评估指标以及在各种真实环境中对技能进行长期评估的方法。

教 师 的 话

我让他们为自己设定目标，然后设置评估点（check points），以定期监控和反思他们在一个小说项目中的进展情况。他们有八周的时间来读完我阅读清单上的一本小说，并撰写一篇论文。在过去的几年里，很多孩子会把这个任务拖到最后再仓促完成，而且完成的质量通常会远低于他们的实际能力。在引入自我调节后，更多的学生开始定期阅读以完成他们计划中的步骤，更多的学生提前交了论文，并且学生们的成绩也比过去几年有了显著的提高。由此可见，自我调节对孩子们做项目的方式产生了积极的影响。

——贾纽埃里（January），英语语言艺术教师

评估技能的应用

学生能否在不同的环境和活动中做好自我调节？每章中的自主实践活动都旨在引导学生将所学技能应用于实际。除前几章中的活动外，以下的反思过程可以帮助学生评估他们的自我调节实践，并为教师提供观察与自我调节相关的外显行为的机会。

表7.1展示了“基于表现的自我调节反思”，该表可以引导学生反思他们在真实情境中表现出的自我调节行为。这个评估标准由四个项目组成，能引导学生评价自己在特定任务或项目中进行计划、监控、调整和反思的质量。

表7.2所示的“基于表现的自我调节观察”，是一个可融于学术课程、课外活动等真实情境的观察评分系统。教师可根据在不同时间或特定情境中的观察结果，按照从初级到高级的评分标准，对每个学生的自我调节行为进行评估。为了确保学生有机会展现特定的

具体行为，我们应该有计划地、有目的地开展基于表现的自我调节观察。例如，如果我们的目标是让学生在阅读小说时运用自我调节能力，教师便可以鼓励学生制订计划，撰写“如果 X，那么 Y”语句，进行监控和反思。然后，教师可以评估学生在每个自我调节指标上的表现。为了展现一定的熟练程度，学生需要批判性地思考自己的优势所在、需要改进的地方以及手头的任务，以便制订出个性化的计划，从而最大限度地发挥自身的优势，减少潜在的障碍。

表 7.1 基于表现的自我调节反思

要素	有限的自我调节	适度的自我调节	实质性或深思熟虑的自我调节
计划	我没做什么计划，可能只是稍微想了想	对于如何完成这件事，我有所思考，或许也写了一些东西	我详细规划了需要完成的内容。在制订计划时，我参考了过去的自我调节经验，以确保计划适合我
监控	我没怎么跟踪我的进度，可能只是偶尔想了一下	我偶尔会思考一下自己在完成任务方面的进展以及所投入的努力。可能其他人提醒过我要注意监控自己的进度	我始终都在监控自己的进度，确保自己能够按计划完成任务，同时也深入思考自己所付出的努力
调整	我没有真正调整过我的计划，即便在我应当调整的时候	当我偏离了原定计划时，我会仔细考虑一些阻碍我的事	我根据需要进行了调整，或对计划进行了修改，以完成这项任务。每当偏离了原定计划时，我会思考是什么阻碍了我，并做出相应的改变来解决这个问题

（续表）

要素	有限的自我调节	适度的自我调节	实质性或深思熟虑的自我调节
反思	在整个过程中，我没有进行任何反思。我可能在最后会稍作反思	我偶尔会反思自己的努力和进展。也许，我也曾对我的学习进行过反思	在整个过程中，我对自己的努力、进展和学习都进行了反思

表7.2　基于表现的自我调节观察

说明项	自我调节序列指标	初步	初显	熟练	高级	未观察到
根据在不同时间或特定情况下获得的观察结果，评估每个学生的表现 • 初步阶段：学生尚无法独立展示出自我调节行为，需要教师提供支架来加以支持 • 初显阶段：学生表现出的自我调节行为程度有限或较为浅显，可能需要提示 • 熟练阶段：学生在自我调节方面达到了一定的熟练水平，包括自我评估、详细而个性化的应用 • 高级阶段：学生能独立且持续地展现自我调节行为，并能教导或提示他人 • 未观察到：若没有机会观察单个学生的行为表现，则记录为“未观察到”	展示出制订计划以完成一项或一系列任务的能力					
	使用“如果X，那么Y”语句，确定完成计划的潜在障碍					
	监控一段时间内的工作进展情况					
	在任务实施过程中，制订并执行抗干扰计划，进而提高专注力					
	反思在特定情况下与自我调节相关的优势、挑战、努力和结果					

通过基于表现的反思和观察，学生可以利用所得到的结果对自己的相对优势和需要改进的地方进行个人评估。教师则可以将学生的自我评估与实际观察到的行为进行比较，从而为学生评价提供依

据，或者确定学生对其知识掌握情况或技能熟练程度的自评是否存在误判。教师还可根据学生自评的结果，反思全班的教学情况（包括引导式实践、辅导和反馈），因为此类教学是帮助学生在相关指标上展现一定熟练程度的关键。在查看个别学生的结果时，教师可能需要一定的教学支持来加强学习和实践，重点关注学生在各个指标上熟练程度的提升。

教师的话

学生的词汇量和学习技能均有所提升。前者可通过高于平均水平的测试分数加以证明，后者则可通过课堂上的反思和讨论来进行监控。

——迈克尔（Michael），英语语言艺术教师

评估结果

随着学生自我调节能力的发展，他们在学习、行为和社会交往等方面的表现是否有所改善？为了回答这一问题，学校收集了大量与学业行为和社会情感行为相关的指标。一项针对自我调节学习的实证研究显示，学生的学业成绩确实有所提升，但要想准确衡量这一影响，我们需要监测一些具体的短期与长期评估指标。就学校范围而言，长期指标包括学生在学校范围内的平均绩点、停学和开除率、毕业率以及毕业后的发展情况等。从短期而言，我们还需要关注学生的出勤率是否提高、迟到次数是否降低、作业提交是否按时以及情绪管理能力是否改善等，这些短期结果能使转交校办的违纪处分报告大大减少。此外，教师还可以监测学生在课堂上的时间利用情况、作业质量、在合作学习中的参与度，以及通过测试与项目所展示的学习成果。

正如佩姬·P.陈（Peggy P.Chen）和赫费尔·本贝努蒂（Héfer

Bembenutty）在2018年所指出的那样：

> 研究一致表明，从儿童到成年人，那些能够通过积极主动、选择策略、计划任务、监控进展、适应变化和持续努力来进行自我调节的学习者，比那些不具备这种能力的人，在学习和学业成绩上表现得更为成功。

但是，正如本书中所述，要使学生真正掌握自我调节能力，可能需要大量的实践机会以及持续做出反馈和反思。现有的行为管理机制，比如学生违纪时移交校办处理，就可以被调整为带有辅导性质的对话。在这样的对话中，学生可以自主确定策略并制订具体计划，来应对或避免导致违纪的情况。这种方法实际上改变了学校管理者的角色定位，将其从纪律管教者转变成了行为指导者。

教师的话

> 作为一名管理者，我注意到它给我提供了一种与孩子们交谈的语言——一种强化他们所学信息的方式。
>
> ——萨姆（Sam），高中校长

评估数据可以共同为教师的教学决策提供信息。此外，这些数据还可以引导学生不断反思自己的技能发展。为了确定自我调节教学带来的积极影响，我们有必要监控教学质量、学生的学习和表现，以及短期结果。本章的重点是学生评估，后记则对一些指导教学的实施保真度①方面进行了概述。

教师的话

> 这所高中在全校范围内开展了自我调节教学。一个学期内，转

① 实施保真度（implementation fidelity）指在执行特定项目、计划或干预措施时，执行者按照计划或预定的方式、步骤、方法和原则进行操作的程度。它涉及所实施计划或措施与最初预设的一致性程度。

交校办的违纪处分报告和被停学的人数减少了 50%。

——克里斯（Chris），学区督学

评估的注意事项

本章概述的评估是针对初中、高中学生（六至十二年级）而设计的。在评估每个测试项目的有效性时，应当考虑学生的既有经验、抽象推理能力和阅读理解水平。金凯德、菲什伯恩、罗杰斯和奇索姆（Kincaid，Fishburne，Rogers，& Chissom，1975）认为，在适当的情况下，可以给学生提供一些辅助，例如为他们大声朗读题目、解释题目的含义或安排专人帮助学生填写答题选项。根据弗莱士-金凯德可读性测试（Flesch-Kincaid readability score）的结果显示，自我调节问卷与知识测验表中的题目是按照六年级的阅读水平编写的。

教育专业人士被赋予无限制的权力来实施评估，并将评估结果用于技能发展和项目改进。教育工作者们在传播、分享评估试题或评估结果的过程中，必须注明引用来源。未经原作者的书面许可，任何人不得出于研究目的复制评估内容，或以盈利为目的出版评估内容。

信度（reliability）和效度（validity）的测量指标因评估类型而异。评估的设计和分析以美国教育研究协会（American Educational Research Association，AERA）、美国心理学会（American Psychological Association，APA）和美国国家教育测量委员会（National Council on Measurement in Education，NCME）于 2014 年发布的《教育与心理测量标准》（*Standards for Educational and Psychological Testing*）为依据。评估工具的技术规范可在相关网站上查到。评估的设计包括文献综述、对现有自我调节评估工具的分析以及试测（包括对教育工作者、家长和青少年的访谈）。这些评估工具是由中学教育工作者和教育研究人员通过持续合作设计出来的，旨在提供形成性数据以指导教学，并促进学生的自我评估和技能应用。

自2013年起，我们在编制这些评估工具的时候，便全面回顾了与自我调节相关的文献，包括自我管理（self-management）、目标导向行为（goal-directed action）、能动性（agency）、执行功能（executive functioning）、自我决定（self-determination）和时间管理（time management）等相关概念。我们已将简要版的文献综述以中小学研究指南的形式上传至有关网站，供大家查阅。一组研究人员对现有的评估工具进行了审查。在同教育工作者和青少年的合作中，三位拥有教育研究博士学位的教育专业人士和一名专门从事青少年社会情感能力发展的持证临床社会工作者共同编制了这些测试题。这一协作过程确保了评估的内容效度（content validity）。

进一步的工作还包括对内部一致性信度系数的分析，涉及克隆巴赫 α 系数分析（Cronbach's coefficient alpha）、探索性因子分析（exploratory factor analysis）和相关性（correlation）分析。截至2020年12月，已有20 000多名青少年使用过自我调节问卷，将其作为自我反思的评估工具。2015年，我们使用克隆巴赫 α 系数，对来自初中、高中的1 354名学生的问卷答案进行了初步的内部一致性测试（28题，$\alpha=0.889$）。为了检验问卷中概念的同质性，我们同时进行了探索性因子分析，结果显示该问卷测量的是一个单一因子，即自我调节。之后，为了提高问卷题目的清晰度，我们对问卷进行了部分修订。从2019年10月至2020年12月，共有3 599名青少年完成了问卷。我们通过对这一样本的分析发现，自我调节问卷具有很高的可靠性（$\alpha=0.896$），其内部一致性高于0.88，并且在六至十二年级以及不同性别组之间同样保持高度一致。在这组相同的样本中，自我调节知识测验表也表现出良好的信度（$\alpha=0.731$）。这些分析结果都有力地证明了这些评估工具的可靠程度（Gaumer Erickson et al., 2020）。

结构效度（structural validity）的检验既包括用碎石图（scree plot）进行因子分析，以检验测试题之间的相关性，也包括项目分析，以确定每道题的正向区分度（positive discrimination）（例如，在测评中总体表现良好的学生在该题上的表现是否优于总体测评表现较差的学生）。在2020年12月对3 599名青少年进行的样本测试中，我们发现自我调节问卷与知识测验表中的所有题目都表现出正向区分度。换言之，总体表现更好的学生更有可能对每道题给出正确或更为积极、正向的回答。

为了检验这些评估的公平性，自我调节问卷与知识测验表还收集了包括年级、性别等在内的人口统计数据。总体而言，女性所呈现的自我调节行为频率高于男性，并且她们在知识测验中的得分也高于男性。值得注意的是，尽管问卷中不同年级之间的效应量存在显著的统计学差异，即高三学生的评分显著高于其他年级学生的评分，但这种差异并不具备实质意义。此外，随着学生在校年级的升高，他们在知识测验中的前测分数也略有提高，从六年级平均48.6%的正确率提高到十二年级平均64.9%的正确率。然而，尽管不同学校在午餐免费率、午餐折扣率、学生的多样性程度以及所处区域的城市化级别等方面的水平高低不同，但高水平学校和低水平学校在学生评分上并不存在显著差异。我们没有检验学生个体层面的种族、民族和贫困水平等差异，因为尚无法通过这些评估收集上述人口统计数据。

实质效度（substantive validity）涉及评估数据的意义。我们采用“有声思维法”① 来进行试题测试，让学生在答题过程中说出他们的思维过程。这些学生指出了一些难以理解的试题，或者青少年的理解可能与成年人不同的试题。我们对这些试题进行了修订，以提高

① “有声思维法”（think-aloud format）指在阅读或解决问题的过程中用言语讲述思维，包括如何将不同的事实联系起来，如何确定文本中各部分的含义，如何进行预测，如何对文本的总体含义或目标做出推断或结论，等等，从而将读者或作者所运用的各种策略都清晰地展现。该方法应用最多的领域是儿童的阅读教学，但同时它也被广泛应用于数学、科学和社会等各科学习中。

试题的清晰度以及试题对青少年的适用性。通过一个二次测试（beta-testing）过程，教师引导学生完成了一个对评估结果的反思流程。然后，教师向研究人员提供了关于学生反思深度和测量数据有效性的反馈。此外，我们还组织教育工作者开展焦点小组访谈①，来确定评估结果的预测准确性以及这些结果如何促进学生的技能应用。这种以行动为导向的反思是形成性评估的主要目的。

可推广性（generalizability）在一定程度上是借助评估（指标）之间的相关性来衡量的。通过对2019年10月至2020年12月期间完成问卷和知识测验的3 599名青少年的样本分析，我们证实这些评估指标呈正相关（0.267），这一结果在0.01的水平上显著。自我调节问卷侧重于评估自我报告的行为，而自我调节知识测验表则注重评估学生对核心概念的理解水平。上述数据说明这些评估结果之间呈现一定的正相关，但并非百分之百相关。

结果效度（consequential validity）的分析包括回归分析。当问卷、知识测验和性别作为学生第一学季（quart 1）平均绩点的预测性变量时，上述三个变量共同预测了这些学生季末平均绩点方差的29.88%（Gaumer Erickson et al., 2020）。在研究中，平均绩点和课程表现被视为与自我调节有关的关键结果变量（Frey et al., 2018; Zimmerman & Kitsantas, 2014）。

教师的话

在学生主持的会议上，我们开始听到学生告诉他们的父母："嗯，我制订了一个计划来完成这件事。它没有达到我想要的效果，因此我做出了这些改变，这也是我知道它不起作用的原因。"我们听

① 焦点小组访谈（focus group），又称集体访问，定性研究方法之一，由社会学家默顿、拉扎斯菲尔德发明，由一个训练有素的主持人以一种无结构、自然的小组座谈形式，引导一个6~12人的小组针对某一主题展开自由讨论，以获得对有关问题的深入理解，一般需要60~90分钟。

到他们在整个学校里都使用这种语言——这不再只局限于我的课堂，而是扩展到每个人！这听起来真是太棒了！

——阿利克斯（Alix），特殊教育教师

基于数据的决策

我们已经提到，这些评估属于形成性（formative）评估。区分形成性评估和终结性（summative）评估的标准不在于评估本身，而在于如何运用评估结果。在实施任何评估之前，我们应该思考以下两个问题：其一，学生将如何使用这些评估结果来促进他们的技能学习和应用？其二，我所在学校的教育工作者和领导团队将如何使用这些结果来指导教学？在适当的情况下，我们还应该考虑第三个问题：如何与学生的家庭共享这些数据，以促进学校与家庭之间的合作伙伴关系？当这些评估与其他数据来源结合时，它们能够指导教师进行如下方面的教学决策：旨在帮助学生构建知识的直接教学；旨在提升学生技能熟练水平的引导式实践；旨在通过持续指导以提高学生技能水平、促进技能泛化（generalization）的自主实践。

通过精准确定自我调节过程的重点领域，教师们可以加强他们的教学实践。在持续指导学生进行自主实践并给予相应反馈之后，教师们可以让学生重新做一次自我调节问卷与知识测验表，并根据结果改进教学计划，从而进一步增强学生对自我调节知识和技能的掌握。关于自我调节技能应用的评估方法，如基于表现的反思或观察，都可以融入日常的课堂教学流程中。这类评估有助于学生持续进行自我评价和反思，从而加深他们对自我调节各个要素——计划、监控、调整和反思——的理解和应用。

本章小结

通过自我调节评估，我们可以全面衡量学生在自我调节上的认知、知识、技能、技能的应用以及结果。我们提供了一套可复制的评估规划工具，为教师制订评估方案提供明确指导。依据评估所得数据，我们可以有针对性地调整教学策略，帮助学生提升自我评价能力。作为教育工作者，我们非常擅长判断学生是否掌握了学科知识，并会在必要时进行补充教学，确保学生能够学会并达到预期标准。自我调节的教学同样遵循这一原则——提供高质量的教学，通过反馈促进实践，并利用形成性评估手段持续检验学生的学习情况。通过运用多种评估技术，学生和教师可以共同监控自我调节技能掌握、精通程度与泛化情况的发展，并随着学生不断学习和提升其自我调节能力，看到他们在学业、行为和社会交往层面不断取得理想的短期和长期成果。

评估规划工具

<table>
<tr><td colspan="2">确定可以融入你所处情景的评估方法。思考你将如何使用评估数据指导教师教学，并促进学生反思</td></tr>
<tr><th>评估类型</th><th>评估方法</th></tr>
<tr><td>• 评估认知
• 评估知识
• 评估技能
• 评估技能的应用
• 评估结果</td><td></td></tr>
<tr><td colspan="2">你将在何时以及如何收集评估数据</td></tr>
<tr><td colspan="2">你将如何使用评估数据来指导教学</td></tr>
<tr><td colspan="2">你将如何使用评估数据促进学生的反思</td></tr>
<tr><td colspan="2">如何与学生家庭共享评估数据，以促进学校与家庭的合作伙伴关系</td></tr>
</table>

后记 POSTSCRIPT 后续步骤

当许多学生因为无法进行充分的自我调节而向我们寻求帮助时，我们可以提供基于研究的高质量教学来帮助他们练就这些技能，从而促进他们走向成功。大多数学生无法通过单纯观察成人的技能示范来培养自己的自我调节能力；相反，学生必须接受明确的教导，并拥有反复实践的机会，才能逐步掌握这项能力。

本书设计的教学活动旨在切实培养青少年的自我调节能力，以便将这些技能用于他们当前和未来的个人事务、学术生涯和职业活动。当进行知识教学时，我们并不会只传授一次信息便期待学生能完全理解所教内容。相反，我们会构建教学支架，帮助学生与所学内容建立联系，并监控他们的成长进程。对于社会情感学习，其教学方式亦是如此。图 8.1 中的六项教学标准（Gaumer Erickson, Noonan & Cooper, 2017）阐释了高质量的教学是如何与自我调节技能的推广应用、迁移泛化紧密相连的。如图 8.1 所示，起始教学主要集中在前三个标准，通过评价学生的优势和挑战来激发他们的学习动力，确定自我调节如何适用于他们的个人生活，提高他们对自我调节相关概念的理解。随后，在教学进入引导式实践阶段时，学生开始将所学知识应用于实践。持续的反馈和以学生为中心的反思可以引导学生开展自主实践，并逐步达到熟练水平。如图 8.1 所示，虽然我们一生都在不断地实践自我调节，但作为教师，我们能给学生提供指导和反馈的时间是很有限的，因此必须高效利用课堂时间来发展、提升学生的自我调节技能。

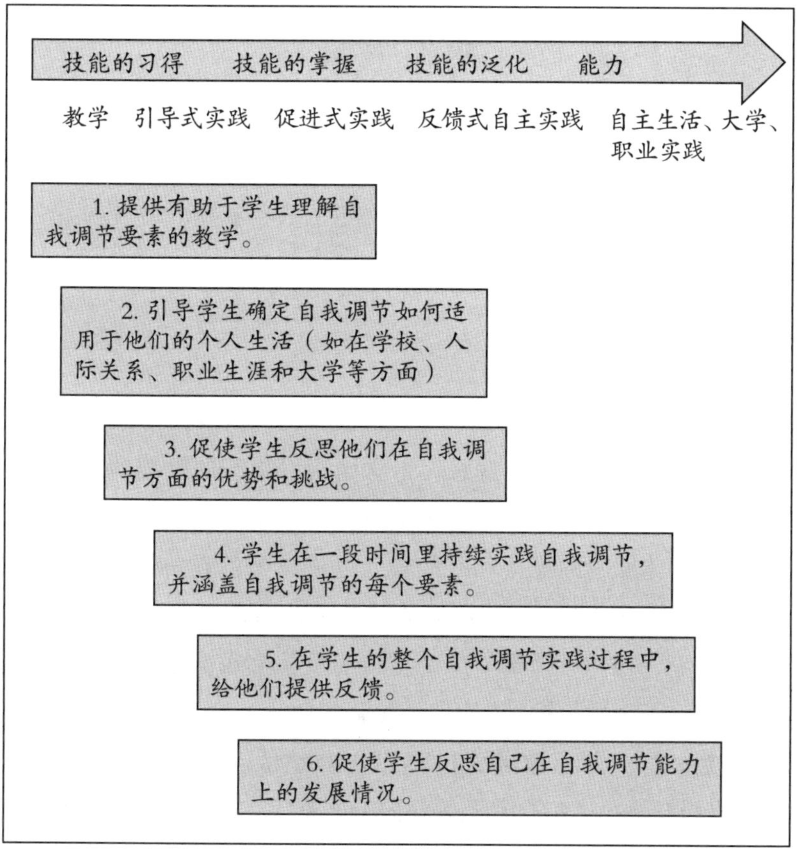

图 8.1　教学标准

与掌握高难度的数学或语言艺术内容相似，学生若要培养强大的自我调节能力，就需要在整个学校生活中参与大量的教学活动，并获得丰富的实践机会。我们不能只告诉学生什么是自我调节，而必须更进一步，包括定期让学生重温自我调节的相关概念，促进学生实践，以确保他们不仅能充分理解概念，还能有效地应用这些知识。社会情感学习的相关研究已经表明，当学生在真实的情境中不断获得实践和反馈的机会时，他们最有可能发展并泛化自己的个人内省技能（Frey et al., 2018；Usher & Schunk, 2018；Yeager et al., 2018）。

教师的话

需要记住的非常重要的一点是，我们必须克服“好吧，孩子们到目前为止应该已经知道怎么做了”的态度。我们必须关注自己提供自我调节教学所采用的方式。我们不能只是把它往那儿一扔，就期望它会被学生牢记。

——萨拉（Sarah），语言艺术老师

教师与学生的角色

尽管教师常常会出于好意，为学生制订详细的计划并监控他们的进展，但这样做无异于代替学生进行自我调节。我们倾向于将作业细化为具体详细的任务和时间表，并从教师的视角告知学生何为最佳的学习方法。然而，当我们从“为学生调节”转变为“学生自我调节”时，虽然教师给学生的支持力度依然很大，但方式方法却迥然不同。图8.2清晰地描绘了自我调节教学中教师和学生各自所扮演的角色。一开始，教师通过多元化的教学活动（包括场景化应用），来引导学生了解自我调节的四个要素——计划、监控、调整和反思。随着学生开始制订并监控自己的计划，进行适当的调整和反思，教师的角色也随之转变。当学生实践这些自我调节的要素时，教师通过反馈、提示、倾听和提问等方式持续提供指导，但不再提供直接的指示（代替学生调节）。在整个过程中，教师不断进行评估，促进学生反思，从而帮助他们深入了解其自我调节能力的发展情况。这样，我们不仅帮助学生掌握了一套技能，还帮助他们发展出可迁移的能力，使他们能够在需要时运用自我调节技能，应对各种情况。

		要素1	要素2	要素3	要素4
	教师 教学	对所有要素的直接（外显）教学（教学标准1–3）			
持续的 动态的	学生 实践 教学标准 4–6	**制订计划** · 我需要完成什么 · 我需要在何时完成 · 步骤是什么 · 可能会出什么错 · 怎样才能保持正轨	**监控计划** · 我是否按计划取得了进展 · 什么行之有效，什么不起作用 · 我需要增加或调整哪些步骤	**根据需要调整** · 为了回到正轨，我需要做什么 · 为了回到正轨，我可以利用什么资源（包括人）	**反思** · 我的计划有效吗 · 我应该将什么内容应用于未来活动中
	教师 指导 教学标准 5	· 根据需要重新教学（教学标准1–3） · 鼓励学生对之前的自我调节活动进行思考 · 审查学生的计划 · 提供关于计划的反馈 · 问题与提示	· 提示学生进行监控 · 监控学生的监控情况 · 指导学生评估进展情况	· 给学生提供时间去思考变化并修改计划 · 指导进展不佳的学生 · 当学生做出改变时，予以凸显并加以认可	· 当学生监控并修改他们的计划时，促使他们开展动态反思 · 提示学生及时进行关于个人优势和有待改进之处的最终反思

图 8.2　自我调节教学中教师与学生的角色

教师的系统化实施

在你的课堂上实施自我调节教学活动，是助力学生成为能力出众的自我调节者的绝佳开端。当开始实施能力教学时，你可能会对自己的教学方向感到困惑。无论你采用虚拟教学、面对面教学，还是混合式教学，表 8.1 中由努南、高默·埃里克森、赫格尔和洛文斯坦（Noonan，Gaumer Erickson，Heger，& Loewenstein，2020）设计的“教师能力框架实践大纲”均能为教育工作者提供有力支持，帮助你根据新手（novice）、进阶（emerging）和精通（proficient）三个级别来确定你在关键教学指标上的践行程度。这份实践大纲可以被视为教育者引导学生发展自我调节能力的行动指南。

在第一个领域“准备开展自我调节教学”中，教师应重点考虑自己对自我调节要素和相关概念的理解程度，以及教授关键概念的能力，并制订详细的教学计划，以确保学生能够充分理解和掌握所学知识。在第二个领域“提供自我调节指导”中，我们将重点关注教学标准 1-3（图 8.1），引导学生通过明确自身优势和成长领域，来实现个性化的学习体验。在第三个领域“通过反馈促进自我调节实践”中，我们将思考如何超越以教师为中心（teacher-directed）的教学模式，转而引导、促进学生自主实践，同时支持他们对自己的成长进行自我评估。最后，在第四个领域“使用数据进行决策”中，我们将关注如何使用相关数据来指导教学过程，并就学生的学习进展与学校的其他教职工（如教师、辅导员、管理人员等）进行及时有效的沟通。

表 8.1 教师能力框架实践大纲

领域		教学实践	新手	进阶	精通	笔记或示例
A. 准备开展自我调节教学	A1	教师表现出对自我调节和能力指导的关键概念（包括四个基本要素）的理解	教师对自我调节的要素和其他关键概念的理解有限，并且不能连贯地使用正确的词汇	教师能准确描述自我调节的要素，并始终能使用正确的词汇 教师虽能较好地解释清楚关键概念，但是缺乏有深度或清晰的例子来辅助说明	教师能通过一致的词汇和富有创造性的实例或观点，充分展示对自我调节要素的清晰理解 教师在解释和分析关键概念时能表现出深刻的见解，并能运用个人案例加以说明	
	A2	教师制订计划，说明自己将如何提供自我调节教学，以及学生将如何根据反馈进行实践	教师制订了一份开展自我调节教学的计划，但没有涵盖所有的学习目标	教师制订了一份开展自我调节教学的计划，涵盖了所有的学习目标，然而该计划并未包含评估学生知识增长或表现改善的具体方法	教师制订了详细的教学计划，面向学生开展反馈式的自我调节教学和实践，涵盖了所有的学习目标，并包含了观察学生知识增长和表现改善的方法	

（续表）

领域		教学实践	新手	进阶	精通	笔记或示例
B. 提供自我调节指导	B1	教师针对每项能力的学习目标提供教学和指导，帮助学生理解自我调节（教学标准1）	教师针对部分学习目标来综合使用各种教学活动，开展教学	教师针对大多数学习目标来综合使用各种教学活动，开展教学	教师针对每一项学习目标来综合使用各种教学活动，开展教学 教师会根据需要，针对关键概念进行重新教学	
	B2	教师引导学生确定自我调节如何适用于他们自身（教学标准2）；教师促使学生反思他们在自我调节方面的优势和挑战（教学标准3）	教师鼓励学生运用自我调节，或者反思与自我调节要素相关的优势和挑战，但并未促成这一过程发生	教师至少提供一次机会，让学生能在个人层面运用自我调节，或者反思与自我调节要素相关的优势与挑战	教师促使学生持续地、个性化地运用自我调节，并反思与自我调节四个要素相关的优势与挑战	

（续表）

领域		教学实践	新手	进阶	精通	笔记或示例
C. 通过反馈促进自我调节实践	C1	教师创造条件和机会，使学生能在一段时间内持续实践自我调节，并能涵盖每个要素（教学标准4）	教师向学生表达希望他们能表现出自我调节能力的期待，并有可能提供一些小组实践的机会，但不会促进学生在真实情境中进行自主实践	教师为每个学生提供课堂实践机会，但这些机会并不频繁（每个季度不到一次），或者只涵盖部分自我调节要素	教师利用现有的课堂教学内容和活动，为每个学生创设真实的情境来实践自我调节，并涵盖了每个要素，每个季度至少一次。这样的实践会在多个课堂时段中持续开展	
	C2	教师在学生实践自我调节各个要素的整个过程中，向他们提供反馈（教学标准5）	教师只给出一般性反馈，没有涉及具体的自我调节要素，也没有给每个学生提供反馈	教师在学生的整个实践过程中都给出了具体反馈，但可能未涵盖所有自我调节要素，或者未能触及所有学生	在学生实践的整个过程中和实践结束后，教师会就自我调节的每个要素向每个学生提供具体的反馈	
	C3	教师促使学生反思自己在自我调节各要素上的能力发展情况（教学标准6）	教师促进了部分学生对自我调节能力的发展情况进行反思，或者在反思活动中未能涵盖所有要素	教师促使所有学生对自我调节能力的发展情况进行反思，但频率较低（例如，每学期一次），并且未能始终如一地涵盖所有要素	教师至少每季度为所有学生提供一次机会，促使他们反思自己在自我调节所有要素的能力发展情况 教师引导学生认识并发现自己在自我调节概念理解上的个人成长	

（续表）

领域		教学实践	新手	进阶	精通	笔记或示例
D. 使用数据进行决策	D1	教师通过基于数据的决策，确定自我调节教学的后续步骤	教师仅收集有限的数据，以评估学生自我调节能力的发展和结果 教师虽已收集了相关数据，但未能将其用于精准识别实施额外教学或给学生提供相应支持等方面的具体需求	教师会定期收集有关学生自我调节能力发展和结果的数据，但没有持续地使用这些数据来做出相应的决策，以指导未来的教学或对学生的支持	教师能按照既定计划，定期收集和分析有关学生自我调节能力发展的数据，如知识前测和知识后测、表现性评价和学校数据点（school data points）等 教师使用这些数据来确定和实施对学生的额外教学与相应支持	
	D2	教师定期与他人合作，加强自我调节教学	教师“单打独斗”，很少与他人讨论有关自我调节教学的想法	教师偶尔与同事合作，但并不总是寻求或提供有关教学的想法与反馈	教师有一套完善的合作流程，其中包括定期请求并与同事分享有关教学的想法和反馈	

“教师能力框架实践大纲”由实施自我调节教学的教师个人定期填写，从而对其教学实施程度进行自我评估，并确定教学中需要改进的地方。该大纲在全校范围内使用时，全校教师都可以进行自我评估，并与同事合作，以更好地实现教学目标，促进学生成长。

教师的话

这不仅仅关乎孩子。通过这个框架，我们教师也增强了集体效能感，变得更加团结。我认为，在使用上述框架给学校带来的诸多变化中，这一点简直令人惊叹！

——薇姬，英语语言艺术教师

全校范围的一级实施

在培养自我调节等个人内省技能的过程中，教育工作者历来都是各自为政的。然而，通过跨身份、跨学科领域甚至跨学校的合作，我们对学生的影响将会更加深远。在指导数千名教师开展自我调节教学的过程中，我们清楚地看到，与教师个人孤军奋战或仅针对最需要帮助的学生开展教学相比，全校范围的一级实施（Schoolwide Tier 1 Implementation）能促使学生更有效地运用自我调节，进而改善他们的学习成果。在许多州，社会情感学习的重要性已得到广泛认可，并被视为学生成功的关键因素，这也反映在各类标准、个人学习计划、全州范围的倡议和学校董事会的优先事项中。为此，越来越多的学校开始采用社会情感学习课程和干预措施。本书所汇集的一系列教学活动，能在实现系统教学的同时，评估学生的成长情况，为全校一级（Tier 1）的社会情感学习课程奠定基础。除了前几章概述的活动，教育工作者还必须为学生创造机会，令其持续实践自我调节各项要素。

此外，家庭也应该被视为青少年社会情感发展的合作伙伴。孩子进入高中阶段后，家庭可能在学习高等数学或科学等学科内容知识上无法提供太多帮助，但是在引导孩子发展个人内省技能和人际交往技能方面，家庭依然发挥着主导作用。像教育工作者一样，家长也可以学习和运用自我调节的理念，将其融入日常生活中，并为孩子创造实践的机会。家长可以鼓励并指导孩子进行自我调节，并在需要调整时倾听想法，提出问题。通过与家庭成员及社区成员的持续合作，我们可以构建一个全社区的共同愿景，引导人们不断努力，促进每个青少年获得成功。

教师的话

穿梭于各个教室，能够看到自我调节在因学生提问而产生的不同情境下被教授和运用，这种感觉真的很棒。在我看来，与其他社会情感学习课程相比，自我调节最大的不同之处在于学生能够开展有意义的讨论，并能畅谈他们将如何在实践中应用这些技能。

——詹姆斯（James），高中校长

当初中和高中将自我调节作为社会情感学习课程时，教师、辅导员、特殊教育教师、相关服务提供者和管理人员都会通过持续的专业发展和指导来学习如何开展自我调节教学实践。无论其身份如何，所有的教育工作者都要掌握如何开展自我调节教学，并向学生提供带有反馈的实践机会。此外，自我调节也被纳入学校的其他措施和制度之中，如全校的纪律规章制度或行为守则。因此，无论是天才学生、残障学生、危机学生[①]抑或是普通学生，都能从自我调节教学中受益。

除了在全校范围内开展显性教学，我们还需要通过基于数据的

① 危机学生（students at risk），又称问题学生、边缘学生、风险学生等，指因个人身心状况、家庭、学校、社会、文化等不利因素之影响，处于某类发展危机之中，存在严重不良行为，学习或生活上出现问题的学生。

决策来支持自我调节的实践。我们可以收集、解读并共享数据，以了解教学趋势并为重要决策提供依据。在这一过程中，教育工作者、管理人员和其他相关人士会使用这些数据来共同设定目标，制订实施变革和监控进展的计划。从有关单个学生教学需求的数据，到为全校范围的一级实施和教学普及提供信息的数据，都能为教育系统各个层面的改进提供指导。

教师的话

所有的教师在其课上都使用相同的词汇，所以学生有多次接触和学习的机会。在不同的课堂上，教师都会引导学生运用自我调节的方法。

——伊芙（Eve），助理校长

当学校决定教所有学生如何更好地进行自我调节时，首要步骤是为所有的教育工作者确定一条清晰的学习路径，帮助他们掌握、实施并推广相关的教学方法。学校的管理层应全力支持教师规划和开展高质量的教学，收集和分析相关数据，克服教学过程中的问题，并反思教学的效果（例如，通过开展专业进修、教学辅导和持续合作）。同时，管理层还可以在与学生的日常互动中开展并强化自我调节教学。教师不仅要促进学生的学习，还要及时反思并相互交流，共同总结成功经验，解决难题。经过这样一个过程，相关的教学和实践就能系统化地融入日常的课堂教学活动，成为学校的一种标准工作方式，并渗透到学生每天的学校生活中。这样，自我调节的理念就能完全融入学校文化，而家长和社区成员也会对这一理念有所感知，并能参与其中，构建一个共同愿景。

本章小结

本书旨在帮助教师学会如何面向初中、高中学生开展自我调节教学，并给学生提供实践机会。通过参与这一过程，你将加入世界各地教育工作者们的行列，共同推进社会情感学习的发展。随着时间的推移，你的自我调节教学能力将不断提升——记住，就像学生通过学习过程不断进步一样，你也将通过大量的教学实践机会提高自己。我们的愿景是增强每一位教育工作者在自我调节方面的教学能力，从而创造一个由社会和情感层面积极参与的、具备职业胜任力的终身学习者所组成的社会。

附录A APPENDIX Ⅰ 情景判断测验

情景判断测验

请根据以下场景和你对自我调节的理解，回答问题。

场 景

健康课上，亚历克斯和他的同学们了解到每天适量喝水的好处。亚历克斯认为他没有喝足够的水。

活动 9

写出亚历克斯应向自己提出的三个问题，以便更清楚地了解自己的饮水量和可能需要改变的行为，从而实现每天饮用足量水的目标。

活动 23

假设亚历克斯和你上同一所学校，并与你参加相同的课程和课外活动。为亚历克斯制订一份含有五个步骤的每日计划，以增加他的饮水量。

活动 37

确定亚历克斯每天将在何时以及如何监控自己的进展和行动。

活动 50

针对亚历克斯可能遇到的障碍，写出三个“如果 X，那么 Y”语句。

活动 61

写出三个问题，供亚历克斯用来引导自己开展反思，并进而确定他将在何时以及如何对自己的进展与行动进行反思。

活动 72

回顾自己为亚历克斯多喝水而制订的计划。既然你对自我调节四大要素的重要性有了更深的了解，那么你会在他的计划中添加哪些内容？

评定指南

活动 9

查看每个学生的回答，并确定他们提出的问题是否会增强自我意识。他们提出的问题可能会包括这些：我每天喝多少水？我什么时候喝水？除了水我还会喝什么？我每天应该喝多少水？为什么我不多喝些水（因为没有水可喝或者我不喜欢水的味道）？给每个学生提供具体的、有建设性的反馈。

活动 23

查看每个学生的答案，确定学生提出的步骤是否有可能增加亚历克斯的喝水量，是否给出了五个不同的步骤。这些步骤涵盖了制订计划中的哪些常见要素（表 2.2）？这些步骤是否可以解决身边没有水之类的问题？计划中是否包含了监控方法？尽可能给每个学生提供具体的、有建设性的反馈。

活动 37

查看每个学生的答案，确定他们的监控方法是否包含“进展”（喝水量）和较多的“行动”（比如带水到学校、在全天的关键节点喝水等）。

活动 50

查看每个学生的答案，确定其所写的“如果 X，那么 Y”语句能否解决影响亚历克斯喝水量的障碍因素。例句如下：

- 如果我把水忘在家里了，那么我会从自动售货机上买一瓶。

- 如果我在午餐前没有喝足够的水，那么我会在开始吃饭前喝完水瓶里的水。
- 如果我不喜欢学校里水的味道，那么我会在背包里装着液体调味品。

活动 61

查看每个学生的答案，以评估反思是否经常进行，是否超出了监控的范围。问题的示例可能包含以下内容：

- 我的饮水量对我的情绪有何影响？
- 在我饮水充足的日子里，我是如何取得成功的？
- 在我饮水不足的日子里，我错过或忘记了哪些事情？
- 总体而言，通过增加饮水量，我的健康状况是否有所改善？

亚历克斯可以每天用写日记的方式进行反思。

活动 72

分析每个学生的回答，寻找其中有关改进计划、监控、调整和反思的详细描述。为每个学生提供具体而有建设性的反馈。

附录B
APPENDIX Ⅱ

自我调节问卷与知识测验表

自我调节问卷

学号 ____________ 日期 ____________

请勾选一个最能描述你想法的答案。这些信息将用于帮助你明确自己的优势和需要改进的地方。答案没有对错之分

	不符合我⟷很符合我				
	1	2	3	4	5
1. 我会计划好我想要完成的项目	☐	☐	☐	☐	☐
2. 如果一项重要考试即将来临，我会制订一个学习计划	☐	☐	☐	☐	☐
3. 在我做一些有趣的事情之前，我会考虑需要做完的所有事情	☐	☐	☐	☐	☐
4. 我通常能估计出完成家庭作业需要多长时间	☐	☐	☐	☐	☐
5. 对我来说，要开始做一项大作业有些困难	☐	☐	☐	☐	☐
6. 我很难制订计划来帮助我实现目标	☐	☐	☐	☐	☐
7. 我会坚持跟踪自己的项目进展情况	☐	☐	☐	☐	☐
8. 当我在某个项目上落后时，我会有所察觉	☐	☐	☐	☐	☐
9. 我会跟踪我的进度以达成目标	☐	☐	☐	☐	☐
10. 我随时都知道自己的成绩是多少	☐	☐	☐	☐	☐
11. 我每天都会确定需要完成的事情，并跟踪完成情况	☐	☐	☐	☐	☐
12. 我经常会忘记时间	☐	☐	☐	☐	☐

（续表）

13. 我很难记住我需要完成的所有事情	□	□	□	□	□
14. 我会尽一切努力按时完成作业	□	□	□	□	□
15. 我会做出有助于自己取得成功的选择，尽管这些选择目前可能不是最有趣的	□	□	□	□	□
16. 一旦看到事情进展不顺利，我就会思考做点什么	□	□	□	□	□
17. 为了取得成功，我会不断尝试各种不同的可能性	□	□	□	□	□
18. 当我想要买一些昂贵的东西时，我会节省开支，少买些小玩意儿	□	□	□	□	□
19. 我的朋友可能会说服我做一些以后会后悔的事情	□	□	□	□	□
20. 我很难把注意力集中在耗时很长的项目上	□	□	□	□	□
21. 当进度落后时，我经常放弃	□	□	□	□	□
22. 我会思考自己的作业完成得如何	□	□	□	□	□
23. 当按时完成每件事时，我会有一种成就感	□	□	□	□	□
24. 当设定新目标时，我会思考自己过去的表现如何	□	□	□	□	□
25. 当受到批评时，我会考虑自己本可以采取哪些不同的做法	□	□	□	□	□
26. 在某件事上失败时，我会努力从错误中吸取教训	□	□	□	□	□
27. 在某件事上陷入困境时，我倾向于不去想这件事	□	□	□	□	□
28. 我总是一而再、再而三地犯同样的错误	□	□	□	□	□

自我调节知识测验表

请选择最佳答案	
29. 在下列句子中，哪一句是对自我调节的最佳描述？ a. 当你积极主动地计划如何实现目标、学习技能或完成任务时 b. 当你积极主动地通过某个过程（如制订计划、监控计划、根据需要进行调整和反思）来实现目标、学习技能或完成任务时 c. 当你按照老师的详细指示（包括根据老师的建议做出改变并反思自己的进展）来实现目标、学习技能或完成任务时 d. 当你在实现目标、学习技能或完成任务等方面取得进展时	
请判断以下每个场景是否至少描述了自我调节的一个要素	
场景	**这是自我调节吗？**
30. 放学后，家长没收了你的手机，告诉你做完作业后可以拿回手机	是　否
31. 你想提高自己的英语成绩，所以你每周五都会查看成绩，看看是否有所提高	是　否
32. 你列出了自己需要完成的家庭作业，每完成一项就从清单上画掉一项，确保完成所有的作业	是　否
33. 你在做数学作业时遇到了一个难题，你发短信向朋友求助，但他没有回应，所以你把答案空着没填	是　否
34. 在以下事情中，哪一件事情不太可能是提高自我调节能力后产生的结果？ a. 提高了对自身学习和学业成就的掌控能力 b. 提高了识别并解决自身错误的能力 c. 提高了在没有遇到任何障碍的情况下实现目标的能力 d. 提高了时间管理能力和组织能力	

（续表）

35. 在下列场景中，找出利用自我调节来解决上学迟到问题的最佳范例 a. 向家长或监护人说明你上学迟到的问题，并请求帮助，确保能按时上学 b. 明天多设置一个闹钟，使自己更有可能按时起床，这样应该就足以解决问题了 c. 考虑可能导致你迟到的原因（如熬夜或早上才开始收拾上学用品），并针对这些问题制订解决方案，包括如何评估自己是否取得了进展 d. 相信既然自己已经意识到了这个问题，明天便不会有麻烦——你知道自己只需要跟着闹钟起床而不是贪睡或关掉闹钟，如此便不会迟到	
以下这些行为涉及了自我调节的哪些要素？	
行为	**要素**
36. 每天完成任务后将其从待办事项清单中画掉	计划　监控　调整　反思
37. 认识到当事情没有进展时，要立即调整自己的行动以回归正轨	计划　监控　调整　反思
38. 每天都思考成功、挫折和自己学到的具体经验	计划　监控　调整　反思
39. 将大目标分解为小目标	计划　监控　调整　反思
40. 遇到挫折后，寻找解决方案，并尽力尝试不同的可能性	计划　监控　调整　反思
41. 在设定新目标时，思考自己过去所做的努力	计划　监控　调整　反思
42. 使用特定方式来跟踪自己的进展	计划　监控　调整　反思
43. 在下面这些行动中，哪一项没有具体涉及自我调节的要素？ a. 为重要测试制订学习计划，或为长期项目制订任务时间表或步骤时间表 b. 每周查看自己的成绩，了解老师是如何对你在作业、项目和测试中的表现进行评分的 c. 自己在某项任务上落后时能有所察觉，并找出重回正轨的最佳步骤 d. 在实现目标的过程中，心中有衡量自身进展的明确方法	

（续表）

44. 在以下方法中，你不会使用其中的哪一项来监控自己在自我调节计划上的进展？ a. 一张图表：展示你一段时间内的进展 b. 一本日记：在日记中记述日常进展，并跟踪自己是否按计划进行 c. 一套标准：拿你的工作进展与标准进行比较，看看自己是否达标 d. 一种比较：将你的进展与朋友在同一项目或任务上的进展做比较
45. 你被告知要写一篇论文，三周后交。在上次遇到类似的任务时，你直到截止日期的前一晚才写完论文。你上次的成绩不是很理想，但这次你想有所改善。请运用所学知识，选择最佳方案。 a. 将任务分解为若干基本部分（例如，选择一个主题、列出论文大纲、撰写论文等），并估计完成每个部分所需的时间。随后，根据预估时间倒推，为每个部分设定截止日期。论文完成后，反思自己的工作质量 b. 你的朋友贝丝很擅长规划工作时间，向她咨询她是如何就这项任务进行时间规划的，并据此制订自己的时间表。在任务完成后，对自己的完成情况进行反思和评估 c. 向老师请教，共同讨论你在完成这类任务时遇到的困难，并询问你这次应该采取哪些不同的方法。按照老师的计划和时间表完成任务的每一部分，必要时回到正轨 d. 将任务分解为若干基本部分，并为每个部分制订计划。记下具体任务及其截止日期。在某项任务完成后，就将其从时间表中勾除。如果落后了，想办法回到正轨。在任务进行期间和任务完成之后，思考哪些方法行之有效，哪些方法可以改进
请判断以下每个语句是正确的还是错误的。
46. 自我调节对学业很重要，但对提高运动或音乐能力并无实际帮助。 47. 提升自我调节能力也有助于提高你的目标设定能力。 48. 运用自我调节可以帮助你抵制干扰。

（续表）

49. 想象你正在努力掌握数学中的某个概念，请简要描述你将如何通过完善自我调节的前两个要素，来改善自己的学习。 · 计划： · 监控：

答案
问卷解读指南：第 5、6、12、13、19、20、21、27 和 28 题采用了否定表述，即评分越低代表行为表现越积极。因此，在计算平均分时，需要对这些题目反向计分 知识测验题目的答案：29. b；30. 否；31. 否；32. 是；33. 否；34. c；35. c；36. 监控；37. 调整；38. 反思；39. 计划；40. 调整；41. 反思；42. 监控；43. b；44. d；45. d；46. 错；47. 对；48. 对

附录C APPENDIX Ⅲ 场景

活动19：阿娃需要更多的精力——制订健康饮食计划

活动58：阿娃反思自己的精力

活动69：缺失要素对阿娃精力的影响

阿娃总是感到疲惫不堪，每天会花很多钱购买功能饮料和饼干，并将其作为日常午餐。这导致她每天下午都会在代数课上昏昏欲睡，总体上感觉不适。为了改善健康状况，她决定调整饮食，选择低糖、尽量少加工的食物，增加蛋白质、水果和蔬菜的摄入。她不再购买任何功能饮料，而是为自己制订了一份涵盖早、中、晚三餐和零食的食物清单（她参照了一个营养指导网站，确保这份食物清单能帮助自己实现健康饮食的目标）。她与家人分享了这份饮食计划，并请求妈妈不要再购买饼干。为了更好地跟踪自己的饮食习惯，她使用了一款应用程序来记录每天的食物摄入量。然而，在一个周末聚会上，阿娃没能抵挡住诱惑，吃了不少薯片和饼干。于是，她决定今后在包里常备燕麦棒和干果，这样在参加聚会时，她就有更健康的替代选择。阿娃每天都会查看应用程序中的数据，了解自己摄入的营养成分是否符合每日推荐量，并思考自己的饮食均衡是否符合自己制订的食物清单。她还使用了一个打印的日历，根据每天的努力程度给自己打分（1~5颗星），并记下自己的成功或挑战。每周，阿娃都会反思自己的饮食习惯，看看哪些方法行之有效，哪些方法需要改进，然后相应地调整自己的饮食计划。现在，阿娃感觉自己更有精力了，在代数课上也不再打瞌睡，总体上感觉更健康了。

活动 20：安东尼想存钱——制定存钱计划

活动 34：安东尼在存钱吗？

> 安东尼想存钱买一台游戏机。他目前有一份兼职工作，每周收入大约 80 美元。然而，他通常会把所有的钱都花在和朋友外出就餐上。因此，安东尼意识到自己需要运用自我调节来存钱买游戏机。

活动 46：安东尼在存钱期间偏离正轨

> 安东尼正在努力存钱购买一台游戏机。他目前有一份兼职工作，每周收入约 80 美元。为了节省开支，安东尼开始更多地选择在家里与朋友聚会，减少了外出就餐的频率，这确实有助于他存钱。然而，他在工作期间常常会从自动售货机购买零食和饮料，这一点他在最初的计划中并未考虑到，现在却成了他存钱计划中的一大障碍。那么，安东尼应该如何调整自己的计划呢？

活动 21：奥利维娅需要一个家庭作业计划——制订学业成功计划

> 你的妹妹奥利维娅正在读六年级，她最近在完成家庭作业方面遇到了困难。她注意到你最近在按时提交作业方面表现良好，因此她希望你能帮助她找到提高成绩的方法。你一直在通过自我调节来取得更好的成绩，而且你知道，通常来说，运用自我调节策略的学生更有可能按时完成家庭作业。因此，你决定帮助奥利薇娅制订一个运用自我调节来完成家庭作业的计划，这是你能提供的最佳支持方式。

活动 35：监控奥利维娅的家庭作业计划

> 奥利维娅使用自我调节计划来完成家庭作业已经有两周的时间了。在此期间，她进行了一些自我监控。她会勾选按时提交的作业，并根据这份清单来计算自己按时提交作业的百分比——现在，她完成作业的准时率已经达到了 80%，而在使用该计划之前，这一比例仅为 50%。通过对比她最初的准时率和现在的准时率，奥利维娅可以清晰地看到自己的进步，但她仍希望能有进一步的提高。然而，她并不清楚自己在哪个环节偏离了正轨，因此她希望你能帮她找出问题所在。你知道，要做到这一点，奥利维娅就不能只关注自己按时完成作业的百分比，还需要监控自己的具体行动。于是，你决定帮助她集思广益，探讨如何扩大她的监控范围。

活动22：利维对公共演讲的焦虑——调节生理反应的策略

你的朋友利维正在参加一门公共演讲课程。他深知在自己未来的职业生涯中需要在公共场合发表演讲。然而，他面临着一个问题：每当在众人面前演讲时，他都会感到极度焦虑。这种焦虑导致他手心出汗、口干舌燥，进而使得他的演讲语速过快、缺乏情感。请帮助利维制订一个计划，以减轻演讲时的焦虑，并更有效地传达他的想法。

活动36：利维的焦虑在减轻吗？

你的朋友利维正在参加一门公共演讲课程。他深知在自己未来的职业生涯中需要在公共场合发表演讲。然而，他面临着一个问题：每当在众人面前演讲时，他都会感到极度焦虑。这种焦虑导致他手心出汗、口干舌燥，进而使得他的演讲语速过快、缺乏情感。请帮助利维制订一个计划，以减轻演讲时的焦虑，并更有效地传达他的想法。

活动59：反思利维的公共演讲

你的朋友利维正在参加一门公共演讲课程。他深知在自己未来的职业生涯中需要在公共场合发表演讲。然而，他面临着一个问题：每当在众人面前演讲时，他都会感到极度焦虑。这种焦虑导致他手心出汗、口干舌燥，进而使得他的演讲语速过快、缺乏情感。为了解决这个问题，利维制订了一个计划，以增强自信并减少演讲时的焦虑感。他遵循了这个计划，包括在家人面前多次练习演讲，每次练习演讲前做深呼吸，中间停顿以提醒自己放慢语速并注入感情以及反复默念“我已经为这次演讲做好了准备。我能做到!”昨天，利维成功地完成了他的演讲。由于这是一门公共演讲课程，所以他已经接到了下一次的演讲任务。为了成功掌控下一次演讲，利维在制订计划时应该考虑哪些因素？

活动60：为顶点项目做准备

为了毕业，你必须成功完成一个顶点项目，以展示自己所掌握的知识和技能。该项目预计需要大约6个月时间才能完成，其中包括研究、概述项目过程的作品集以及展示成果的最终产品。当你准备接手这个项目时，你会如何反思自己的优势和过去遇到的挑战？

活动 70：伊莱贾的考前复习

伊莱贾想在生物期末考试中获得 B 等级的成绩。他表示："我会创建一个学习时间表，每晚完成导学案的两个部分，五天内完成整份导学案。在填写导学案的时候，我会把所有不熟悉的术语制成抽认卡。接下来，我会复习本学期以往的所有考试题，并订正做错的题目。我还会对所有词进行自测。最后，我会复习每个概念的所有图表，记下自己遇到的任何问题，并向在生物学方面很擅长的朋友利亚姆（Liam）请教不懂的内容。我已经有了计划，所以我认为自己会在期末考试中取得好成绩。"两天后，伊莱贾查看了自己的计划，并反思了自己的表现："嗯，我只完成了导学案的一个部分，而且我没有为已完成部分制作任何词汇抽认卡，因为我没有索引卡（index cards）。我需要做一些调整。今天回家前，我会从学校商店买一包索引卡。我会复习已经完成的那个部分，看看有没有生词，然后为这些生词制作抽认卡。接下来，为了赶上进度，我今晚会完成第二部分和第三部分的全部内容，以及第四部分的一半内容。明天，我将完成第四部分剩下的内容，同时开始做第五部分和第六部分。我也会确保词汇抽认卡的进度。这样，我就能回到正轨了。"

附录D APPENDIX Ⅳ 学生模板

项目计划与日志

项目名称：

项目截止日期：

描述项目要求：

想象一下，你眼中的成功是什么样的？

1. 制订计划

请思考完成这个项目需要做的所有任务，例如制订项目时间表，收集相关材料，学习有关内容（包括阅读、观看视频、与专家或导师交流），撰写、编辑和修改草稿，创建模型或插图以及根据项目的评分标准来检查自己的工作，等等。

请详细、具体地阐述你为完成项目所制订的计划。

任务	截止日期	完成日期

根据以往的经验和即将要做的任务，想一想：你的计划可能会出现哪些问题？请详细说明你将如何克服这些潜在障碍。思考一下你将在何时何地投入该项目，你将如何保持专注，你会寻求谁的协助，等等。

请确定你监控自身计划的固定日期，如每周一放学后。列出这些日期，并说明你将如何提醒自己按时进行监控。

2. 监控计划（每个固定日期重复一次）

我是否能按期完成每一项任务？ □是 □否

我是否有望按时完成这个项目？ □是 □否

如果我对这两个问题的回答均为“是”，那我应该反思一下是什么因素帮助我取得成功，并继续坚持这样做，直到下次监控计划开始为止。例如，我每天晚上都会做一点相关任务，每天查看计划以确保自己按计划进行，与朋友分享自己取得的进展，等等。

哪些策略对我而言行之有效？

如果我的回答是“否”，我需要弄清楚为什么我的计划不起作用。

哪些障碍或挑战使我的计划不起作用？

☐ 时间问题——有太多其他的事情占据了我的时间。

☐ 我在做这个项目的时候分心了。

☐ 我卡在了某个步骤上，特别是________________________。

☐ 我从一开始就没有一个明确的计划。

☐ 我不知道接下来需要做什么。

☐ 我对材料或内容的理解不足，导致计划无法继续推进。

☐ 其他因素——请具体说明：__________________________。

3. 根据需要进行调整（每个固定日期重复一次）

为了让计划重回正轨，我需要获得哪些支持？为了保持对计划的专注，我需要做哪些改变？经过修改，我的新计划将包含以下内容：

4. 反思什么行之有效（在项目完成后进行）

请具体说明哪些任务进行得比较顺利。例如，我严格遵守了项目时间表，我使用了项目评分标准作为指导，我多次查看并修改了自己的作品，我向老师或知识渊博的同伴寻求帮助，等等。

在接下来的项目中，我可以通过哪些不同方式进行自我调节？

家庭作业日志

为了顺利完成家庭作业，你可以使用此日志来帮助自己监控行动和进展。通过对数据进行反思，你可以判断自己的预测是否准确。

制订计划					监控行动			监控进展	
课程和作业	我的材料是否齐全	预计难度(1：容易；5：难)我是否需要帮助	我需要把作业分解成小部分吗？如果需要，请另添一行	预计完成作业所需要的时间	实际完成时间	实际难度（1：容易；5：难）	努力程度（1：小；5：大）	预期成绩	实际成绩

学业成功计划与日志

请使用这份每周计划和日志来关注自己的学业成功。在你确定本周重点领域的同时，也别忘了保持并巩固上一周的行动。

第几周：____________　　　　姓名：____________

星期一

基于上周的学业成功，本周我想专注于以下几点：

☐ 完成并提交家庭作业

☐ 理解课程内容

☐ 准备考试

☐ 参与课堂活动

☐ 保持项目的正常进度

□ 明智地利用课堂时间

□ 补交作业

□ 其他：________________

针对前面所确定的一个或多个问题，制订一项具体的改进计划。计划中应包括具体步骤、截止日期、有待监控的事项以及克服潜在障碍的方法等。

星期二	星期三	星期四
监控计划的执行情况，查看进展如何。我是否在按照我所承诺的来执行计划 □ 是　□ 否	监控计划的执行情况，查看进展如何。我是否在按照我所承诺的来执行计划 □ 是　□ 否	监控计划的执行情况，查看进展如何。我是否在按照我所承诺的来执行计划 □ 是　□ 否
如果是，我将继续做我正在做的事，直到成功。如果否，我需要弄清楚为什么我没有按照自己的计划行事 □ 时间问题 □ 开始时没有一个明确的计划 □ 不知道接下来做什么 □ 对概念的理解不到位 □ 其他：________	如果是，我将继续做我正在做的事，直到成功。如果否，我需要弄清楚为什么我没有按照自己的计划行事 □ 时间问题 □ 开始时没有一个明确的计划 □ 不知道接下来做什么 □ 对概念的理解不到位 □ 其他：________	如果是，我将继续做我正在做的事，直到成功。如果否，我需要弄清楚为什么我没有按照自己的计划行事 □ 时间问题 □ 开始时没有一个明确的计划 □ 不知道接下来做什么 □ 对概念的理解不到位 □ 其他：________
星期二	**星期三**	**星期四**
如果需要，调整我的计划：	如果需要，调整我的计划：	如果需要，调整我的计划：

星期五

通过回答以下问题，反思哪些方面行之有效，哪些方面可以改进。

- 你计划中的哪些部分对你而言非常有效？
- 下周，你可以改变计划的哪些部分以提高效率？
- 这个周末，你需要做些什么来保持正轨（或重回正轨）？

来自老师、导师或同伴的反馈：

参考文献与资源[①]

American Educational Research Association, American Psychological Association, & National Council on Measurement in Education. (2014). *Standards for educational and psychological testing*. Washington, DC: American Educational Research Association.

BrainyQuote. (n.d.a). *Albert Einstein quotes*. Accessed at www.brainyquote.com/quotes/albert_einstein_106192 on May 11, 2021.

BrainyQuote. (n.d.b). *Michael Jordan quotes*. Accessed at www.brainyquote.com/quotes/michael_jordan_165967 on May 11, 2021.

BrainyQuote. (n.d.c). *Vince Lombardi quotes*. Accessed at https://www.brainyquote.com/authors/vince-lombardi-quotes on May 11, 2021.

Chen, P. P., & Bembenutty, H. (2018). Calibration of performance and academic delay of gratification: Individual and group differences in self-regulation of learning. In D. H. Schunk & J. A. Greene (Eds.), *Handbook of self-regulation of learning and performance* (2nd ed., pp. 407-420). New York: Routledge.

Cherry, K. (2020). *Famous quotes from American psychologist B. F. Skinner*. Accessed at www.verywellmind.com/b-f-skinner-quotes-2795688 on May 11, 2021.

Cleary, T. J., & Chen, P. P. (2009). Self-regulation, motivation, and math achievement in middle school: Variations across grade level and math context. *Journal of School Psychology*, 47(5), 291-314.

Cleary, T. J., & Zimmerman, B. J. (2012). *A cyclical self-regulatory account of student engagement: Theoretical foundations and applications.* In S. L. Christenson, A. L. Reschly, & C. Wylie (Eds.), *Handbook of research on student engagement* (pp. 237-257). New York: Springer.

Duckworth, A. L., Grant, H., Loew, B., Oettingen, G., & Gollwitzer, P. M. (2011). Self-regulation strategies improve self-discipline in adolescents: Benefits of mental contrasting and implementation intentions. *Educational Psychology*, 31(1), 17-26.

Duckworth, A. L., White, R. E., Matteucci, A. J., Shearer, A., & Gross, J. J. (2016). A stitch in time: Strategic self-control in high school and college students.

① 本书参考文献与资源自英文版图书中直接复制，以便读者查阅。

Journal of Educational Psychology, 108(3), 329–341.

Frey, N., Hattie, J., & Fisher, D. (2018). *Developing assessment-capable visible learners, grades K–12: Maximizing skill, will, and thrill.* Thousand Oaks, CA: Corwin.

Gaumer Erickson, A. S., & Baird, K. (2019, November 11). *Beyond growth mindset: New frontiers in measuring engagement.* Paper presented at the National Literacy Summit, Orlando, FL.

Gaumer Erickson, A. S., & Noonan, P. M. (2015). *Research guide college and career competency: Self-regulation.* Accessed at http://researchcollaboration.org/uploads/ResearchGuide-Middle-High-Self-Regulation.pdf on October 18, 2021.

Gaumer Erickson, A. S., & Noonan, P. M. (2018). *College and career competency sequence preK–12: Self-regulation.* Accessed at http://cccframework.org/assets/sr-competencysequence.pdf on October 18, 2021.

Gaumer Erickson, A. S., & Noonan, P. M. (2019a). *Academic success tools.* Accessed at www.ResearchCollaboration.org/uploads/Academic-Success-Tools.pdf on October 18, 2021.

Gaumer Erickson, A. S., & Noonan, P. M. (2019b, September 11–12). *Challenges and strategies for implementing Tier I competency instruction in high schools.* Presented at the twelfth annual MTSS & Alignment Symposium, Wichita, KS.

Gaumer Erickson, A. S., & Noonan, P. M. (2021). *Self-regulation assessment suite.* Accessed at www.researchcollaborationsurveys.org/ on July 1, 2021.

Gaumer Erickson, A. S., Noonan, P. M., & Cooper, C. (2017). *Instructional criteria promotes progress to competence* [Infographic]. Accessed at www.ResearchCollaboration.org/uploads/Instructional-Criteria.pdf on October 18, 2021.

Gaumer Erickson, A. S., Noonan, P. M., & Monroe, K. A. (2020). *Self-regulation assessment suite: Technical report.* Accessed at http://researchcollaboration.org/uploads/Self-Regulation-Assess-Suite-Tech-2021.pdf on October 18, 2021.

Gaumer Erickson, A. S., Noonan, P. M., & Redeker, W. (2016). *Teacher and student roles in self-regulation* [Infographic]. Accessed at www.ResearchCollaboration.org/uploads/Teacher-Student-Roles-in-Self-Regulation-Instruction.pdf on October 18, 2021.

Ghanizadeh, A. (2017). The interplay between reflective thinking, critical thinking, self-monitoring, and academic achievement in higher education. *Higher Education*, 74(1), 101-114.

Gollwitzer, P. M. (1999). Implementation intentions: Strong effects of simple plans. *American Psychologist*, 54(7), 493-503.

Gollwitzer, A., Oettingen, G., Kirby, T. A., Duckworth, A. L., & Mayer, D. (2011). Mental contrasting facilitates academic performance in school children. *Motivation and Emotions*, 35, 403-412.

Goodreads. (n.d.a). *Antoine de Saint-Exupéry quotes*. Accessed at https://www.goodreads.com/quotes/87476-a-goal-without-a-plan-is-just-a-wish on May 11, 2021.

Goodreads. (n.d.b). *Maya Angelou quotes*. Accessed at www.goodreads.com/quotes/93512-you-may-encounter-many-defeats-but-you-must-not-be on May 11, 2021.

Guderjahn, L., Gold, A., Stadler, G., & Gawrilow, C. (2013). Self-regulation strategies support children with ADHD to overcome symptom-related behavior in the classroom. *Attention Deficit Hyperactivity Disorders*, 5(4), 397-407.

Guzman, G., Goldberg, T. S., & Swanson, H. L. (2018). A meta-analysis of self-monitoring on reading performance of K-12 students. *School Psychology Quarterly*, 33(1), 160-168.

Hadwin, A., Jarvela, S., & Miller, M. (2018). Self-regulation, co-regulation, and shared regulation in collaborative learning environments. In D. H. Schunk & J. A. Greene (Eds.), *Handbook of self-regulation of learning and performance* (2nd ed., pp. 83-106). New York: Routledge.

Harks, B., Rakoczy, K., Hattie, J., Besser, M., & Klieme, E. (2014). The effects of feedback on achievement, interest and self-evaluation: The role of feedback's perceived usefulness. *Educational Psychology*, 34(3), 269-290.

Hattie, J. (2009). *Visible learning: A synthesis of over* 800 *meta-analyses relating to achievement*. London: Routledge.

Hattie, J., & Zierer, K. (2018). 10 *mindframes for visible learning: Teaching for success*. New York: Routledge.

Hoyle, R. H., & Dent, A. L. (2018). Developmental trajectories of skills and abilities relevant for self-regulation of learning and performance. In D. H. Schunk & J. A. Greene (Eds.), *Handbook of self-regulation of learning and performance* (2nd ed., pp. 49-63). New York: Routledge.

Ivcevic, Z., & Brackett, M. (2014). Predicting school success: Comparing conscientiousness, grit, and emotion regulation ability. *Journal of Research in Personality*, 52, 29-36.

Jiang, J., & Cameron, A. F. (2020). IT-enabled self-monitoring for chronic disease self-management: An interdisciplinary review. *MIS Quarterly*, 44(1), 451-508.

Kincaid, J. P., Fishburne, R. P., Rogers, R. L., & Chissom, B. S. (1975). *Derivation of new readability formulas (automated readability index, fog count, and Flesch reading ease formula) for Navy enlisted personnel.* Research Branch Report 8-75. Millington, TN: Naval Air Station Memphis.

Mallory, W. S. (2012). *I have gotten a lot of results! I know several thousand things that won't work.* Accessed at https://quoteinvestigator.com/2012/07/31/edison-lot-results/ on May 11, 2021.

Noonan, P. M., & Gaumer Erickson, A. S. (2018). *The skills that matter: Teaching interpersonal and intrapersonal competencies in any classroom.* Thousand Oaks, CA: Corwin.

Noonan, P. M., Gaumer Erickson, A. S., Heger, E., & Loewenstein, M. (2020). *Competency framework practice profile for teachers.* Accessed at www.ResearchCollaboration.org/uploads/Self-Regulation-Practice-Profile.pdf on October 18, 2021.

Oettingen, G. (2014). *Rethinking positive thinking: Inside the new science of motivation.* New York: Current.

Ramdass, D., & Zimmerman, B. J. (2011). Developing self-regulation skills: The important role of homework. *Journal of Advanced Academics*, 22(2), 194-218.

Research Collaboration. (2020, November 6). *Clip 1: Izzy defines self-regulation* [Video]. Accessed at https://youtu.be/4KIeQUZDMWE on October 18, 2021.

Ritualize. (2017). 6 *motivational quotes for inspiration.* Accessed at https://ritualize.com/5-motivational-health-quotes/ on August 23, 2021.

Santangelo, T., Harris, K. R., & Graham, S. (2016). Self-regulation and writing: Meta-analysis of the self-regulation processes in Zimmerman and Risemberg's model. In C. A. MacArthur, S. Graham, & J. Fitzgerald (Eds.), *Handbook of writing research* (2nd ed., pp.174-193). New York: Guilford Press.

Scholer, A. A., Ozaki, Y., & Higgins, E. T. (2014). Inflating and deflating the self: Sustaining motivational concerns through self-evaluation. *Journal of Experimental Social Psychology*, 51, 60–73.

Schunk, D. H., & Greene, J. A. (2018). Historical, contemporary, and future perspectives on self-regulated learning and performance. In D. H. Schunk & J. A. Greene (Eds.), *Handbook of self-regulation of learning and performance* (2nd ed., pp. 1–15). New York: Routledge.

Sentis. (2012, November 26). *Emotions and the brain* [Video]. Accessed at https://youtube.com/watch? v=xNY0AAUtH3g on October 18, 2021.

Usher, E. L. & Schunk, D. H. (2018). Social cognitive theoretical perspective of self-regulation. In D. H. Schunk & J. A. Greene (Eds.), *Handbook of self-regulation of learning and performance* (2nd ed., pp. 19–35). New York: Routledge.

White, M. C., & DiBenedetto, M. K. (2018). Self-regulation: An integral part of standards-based education. In D. H. Schunk & J. A. Greene (Eds.), *Handbook of self-regulation of learning and performance* (2nd ed., pp. 208–222). New York: Routledge.

Wilderotter, P. T. (2014). *Remembering Superman.* Accessed at www.christopherreeve.org/about-us/executive-memos/on-christopher-reeves-birthday on May 11, 2021.

Winne, P. H. (2018). Cognition and metacognition within self-regulated learning. In D. H. Schunk& J. A. Greene (Eds.), *Handbook of self-regulation of learning and performance* (2nd ed., pp. 36–48). New York: Routledge.

Yeager, D. S., Dahl, R. E., &Dweck, C. S. (2018). Why interventions to influence adolescent behavior often fail but could succeed. *Perspectives on Psychological Science*, 13(1), 101–122.

Zimmerman, B. J. (2013). From cognitive modeling to self-regulation: A social cognitive career path. *Educational Psychologist*, 48(3), 135–147.

Zimmerman, B. J., & Kitsantas, A. (2014). Comparing students' self-discipline and self-regulation measures and their prediction of academic achievement. *Contemporary Educational Psychology*, 39(2), 145–155.